現在這樣就很好

しんどい心に
さようなら

55種
告別心累的
治癒方式

Kii 著

Yukiyu 監修
林佩玟 譯

PROLOGUE

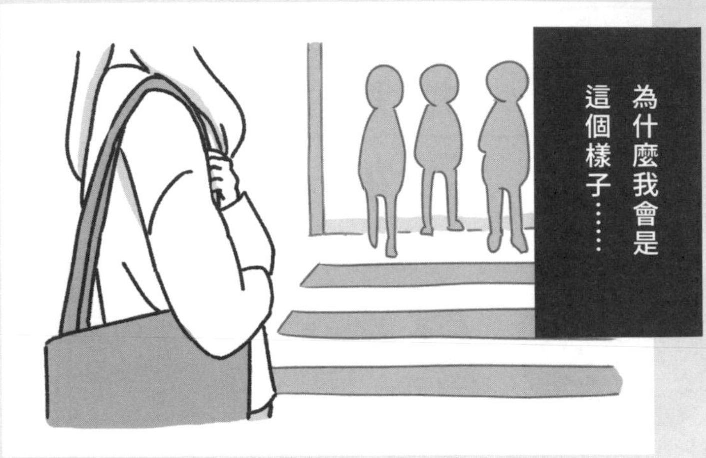
為什麼我會是
這個樣子……

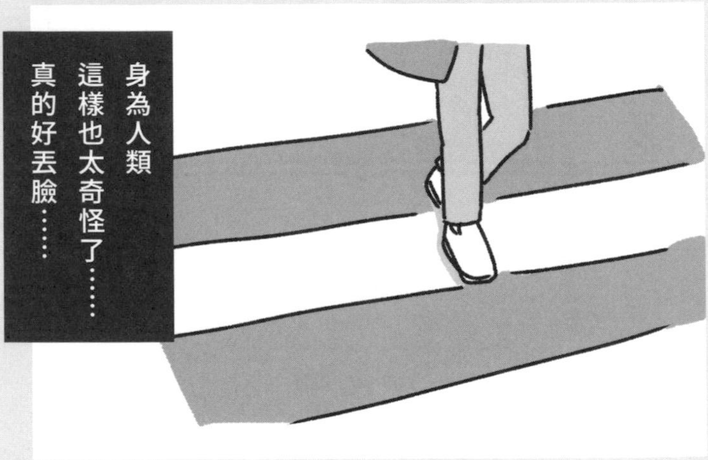
身為人類
這樣也太奇怪了……
真的好丟臉……

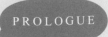

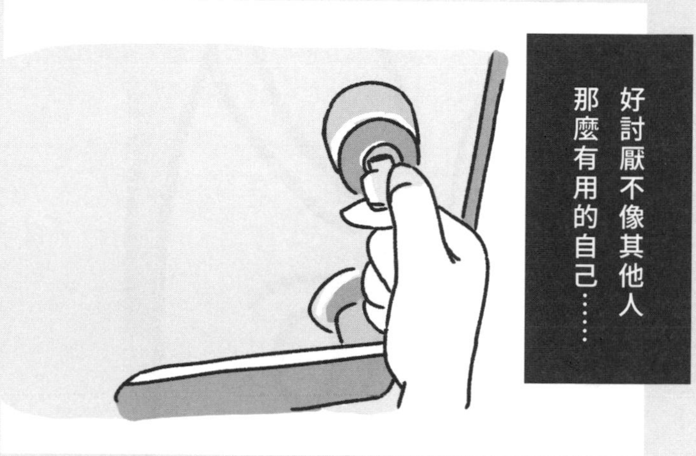
好討厭不像其他人
那麼有用的自己……

反正……
都是我不好……
開門

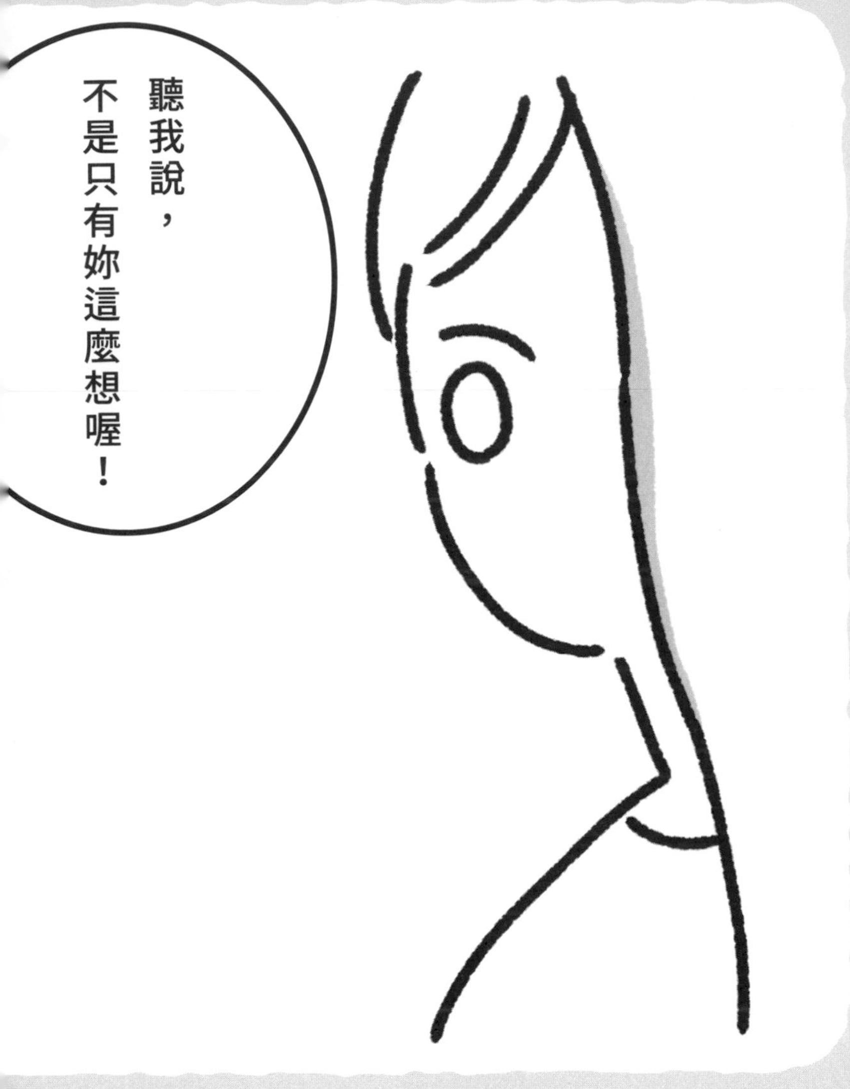
聽我說，
不是只有妳這麼想喔！

很多人和妳一樣，
多到會讓妳嚇一跳，
所以別煩惱。

我是隻狸貓，
本來很想化身成人。
我是狸貓
不過感覺太辛苦了
所以放棄。

但是我很喜歡人類，
所以做了很多功課，
希望讓人類多少能夠
開心笑著活下去！

來看看之前我認識的人們吧！
也許妳會有新發現唷！

前言

「這種煩惱怎麼說得出口。」

很多人會這麼想，於是過著不願打開心胸的日子。

要是說出自己纖細的煩惱，結果不被當一回事的話……一想到自己無法承受心靈傷害，可能導致整個人壞掉，就沒有辦法對他人敞開心扉對吧。

不過據說日本實際上，每五人就有一個人至少曾經歷過一次內心生病，我也是這樣的人之一，是「天生自帶負面想法」，經常感到煩惱感到痛苦……在我為了改變這樣的自己而學習心理知識的過程中，發現很多人都同樣懷抱著或大或小「看不見的煩惱」。

「不知道該怎麼好好活著讓我很痛苦。」

「最討厭自己的個性了。」

「好想要變成其他人那樣。」

正在閱讀本書的你，是否也有同樣的煩惱？如果答案為「是」，希望你能從本書中找到新發現以及改善的靈感。

新發現是指「原來不是只有我這麼想，那我就比較放心了」，以及「如果把我的感受用言語來形容會是這麼回事呀的恍然大悟」；而改善的靈感，則是你獨有的新思維、意識關注的目標，和讓自己起身行動的方法。若本書能成為一股助力給你幫助自己的勇氣，那將會是我的榮幸。

本書中精選了五十五項容易面臨的困難狀況。一個人一旦有煩惱，視野很難不受限，就會陷入慣性的思考及行動模式中。書中利用漫畫和插圖整理成容易翻閱的方式，希望各位在遇到煩惱時拿出本書，如果能幫助你緩和痛苦就再好不過了。

前言 008

第1章 完美主義讓人痛苦

CHECK! 勞心勞力完美主義者的特徵 016
容易煩躁的人 020
只要他人不順己意就生氣的人 024
無法依靠喜歡的人或朋友的人 026
不斷責怪自己的人 028
愛逞強的人 030
用「但是」、「可是」給自己零分的人 032
找不到自己優點的人 034
門檻設立太高而無法起身行動的人 036
口頭禪是「絕對是」、「一般都」、「總是」的人 038
急著想得到答案或結果的人 040
自尊心太強的人 042
害怕別人給負評的人 044

焦慮著「非做不可」的人……046
給接下來即將努力和想要努力的人……048

第2章 太過在意他人而感到痛苦

CHECK! 沒有自我、正在失去自我的人的特徵……052
背負太多的人……056
太過顧慮他人的人……060
過度奉獻自己的人……062
無法拒絕、說不出口的人……064
容易和他人比較而沮喪的人……068
太在意給別人添麻煩的人……070
沒有自我重心的人……072
沒有想做的事、不知道自己想做什麼的人……074
覺得一定要和他人好好相處的人……078
覺得自己很空虛的人……080
不知道如何善待自己的人……084

對於他人的離去大受打擊的人……086
覺得幫助他人是自己生存意義的人……088

第3章 對自己的想法感到痛苦

CHECK! 覺得人生好難的人的特徵……092
容易有壓力的人……096
不是零就是一百極端的人……100
無法抱怨或示弱的人……102
連對自己都要隱藏情緒的人……104
覺得對自己太好會變成廢人的人……106
不擅長與他人相處的人……108
容易後悔的人……110
對自己評價過低的人……112
給自己貼「我就是這種人」標籤的人……114
覺得自己又失敗了的人……118
感覺他人在責怪自己的人……120

因為寂寞而寧濫勿缺的人……122
覺得自己一無是處的人……124
總是用笑容掩飾的人……126
分不清對自己好和縱容自己的人……128

第4章 痛苦的想法是因為深植了不安和恐懼

CHECK! 不安的人容易採取的思考方式和行為……132
逃不開的人……136
依附成性的人……138
支配、控制他人的人……142
有強烈拘束欲、獨占欲和執著的人……146
總是在意他人眼光的人……148
老是在評斷「好壞」的人……150
無法同理他人的人……152
無法與人良性溝通的人……154
無法自己下決定的人……156

老是拖到最後一刻才要做的人……158
害怕「害怕」本身的人……160
覺得自己沒有歸屬的人……162
感到不安的當下能怎麼做……166

KII'S MESSAGE
改善內心的平衡……050
不必改進缺點也沒關係……090
撫平不安的「療癒方式」……130
不要空想讓自己不安，而是具體化煩惱……168
與自己相處的方法……169

後記……174

第1章

完美主義讓人痛苦

CHECK!

勞心勞力
完美主義者的特徵

想要增加自己做得到的事、想提高品質，這股企圖心是很值得珍惜的才華，不但能得到他人的信賴和好評，若是處在能發揮才華的環境是再好不過的事。只是如果做不到 100% 就感到沮喪的話，不僅讓自己很辛苦，也會很痛苦。想要做到完美的另一面代表著害怕被拒絕的恐懼，請以客觀的角度看待完美主義的自己。

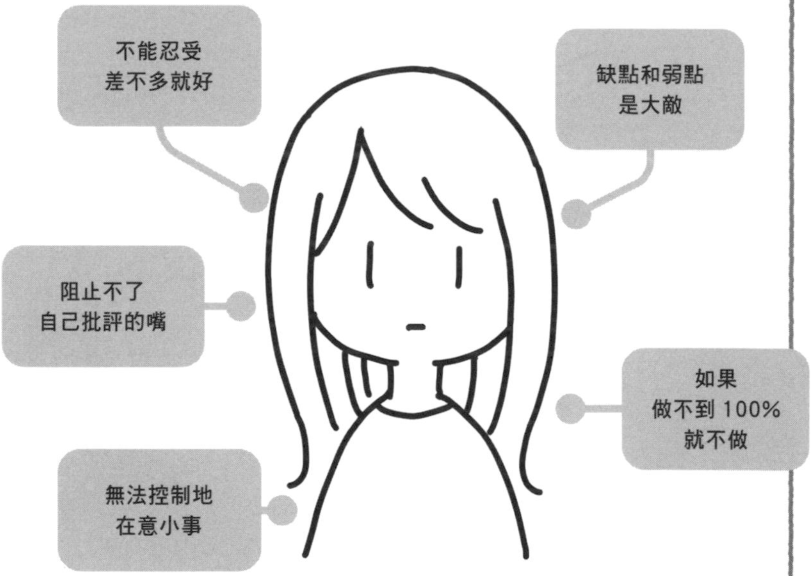
不能忍受
差不多就好
缺點和弱點
是大敵
阻止不了
自己批評的嘴
如果
做不到 100%
就不做
無法控制地
在意小事

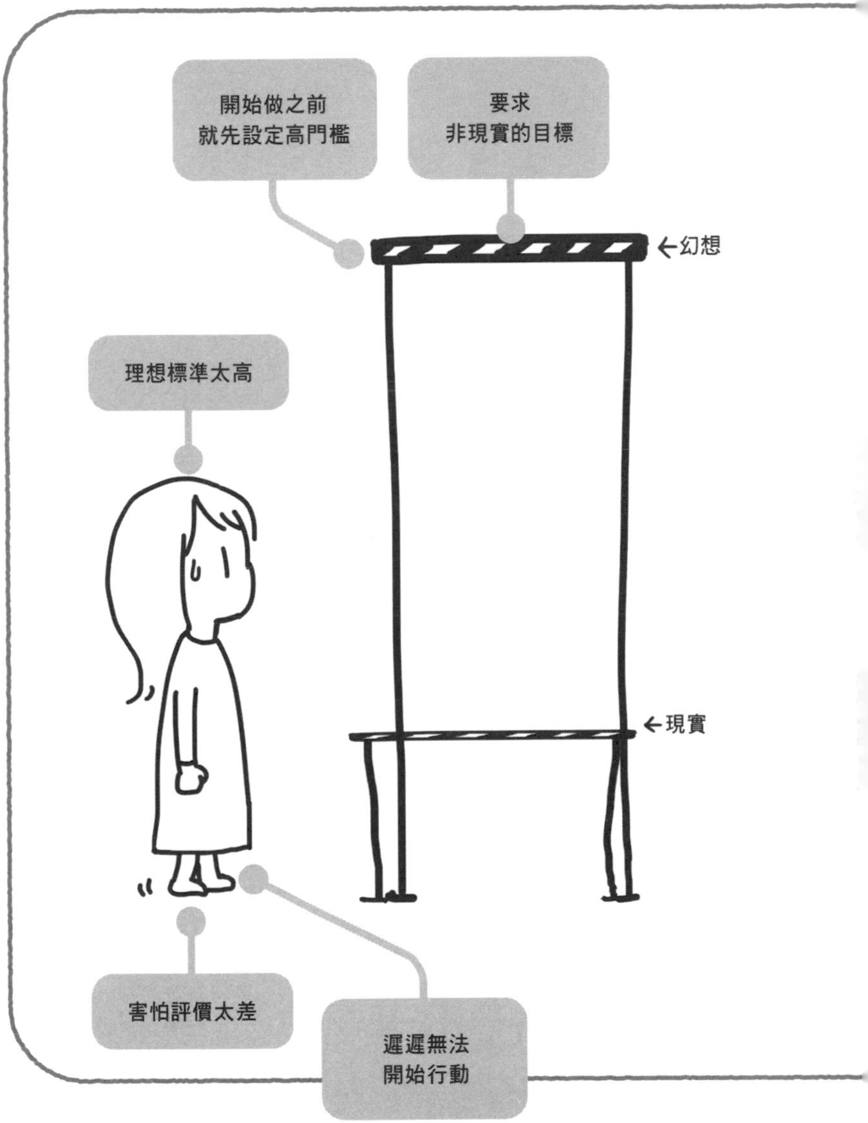
開始做之前
就先設定高門檻
要求
非現實的目標
←幻想
理想標準太高
←現實
害怕評價太差
遲遲無法
開始行動

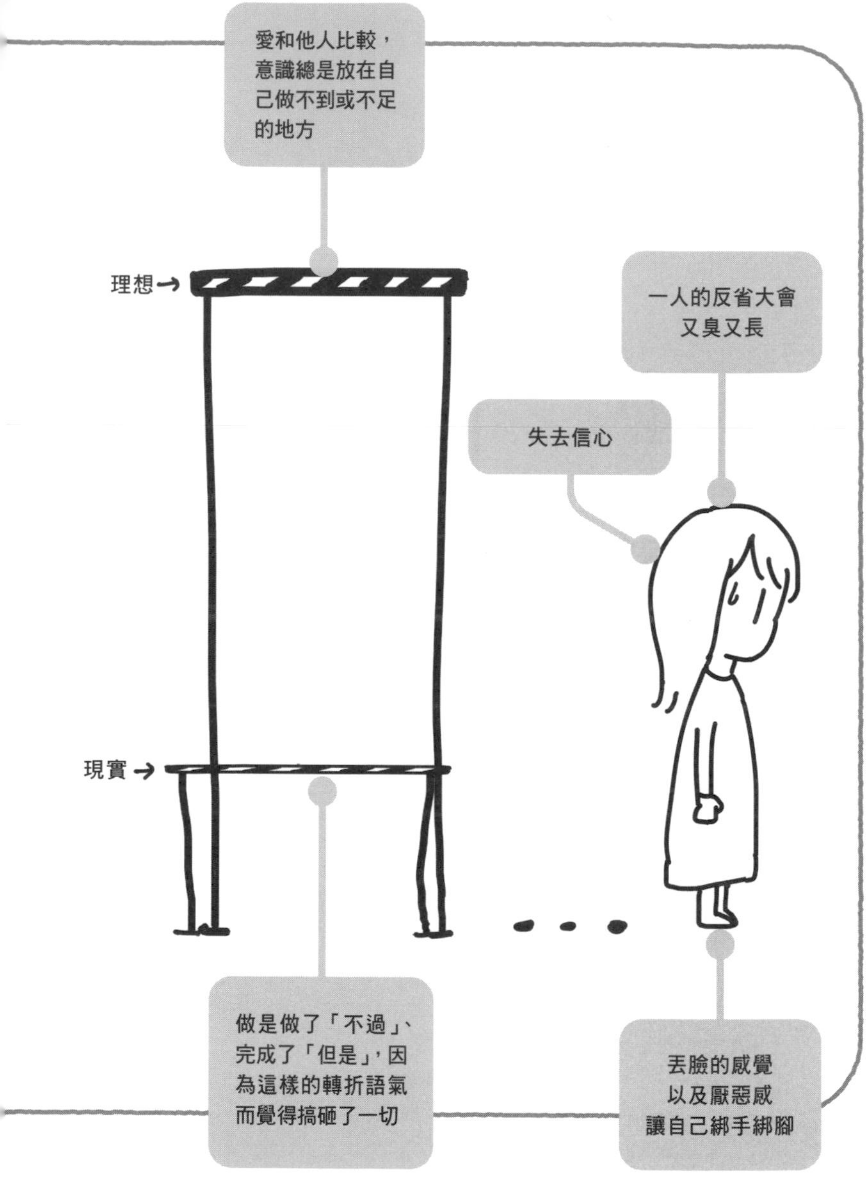
愛和他人比較，
意識總是放在自
己做不到或不足
的地方
理想→
現實→
一人的反省大會
又臭又長
失去信心
做是做了「不過」、
完成了「但是」，因
為這樣的轉折語氣
而覺得搞砸了一切
丟臉的感覺
以及厭惡感
讓自己綁手綁腳

CHECK LIST

減輕痛苦的方法

○	不再被「應該做～」、「必須做～」給困住	➡ P. 020, 050
○	相信他人的善意	➡ P. 026
○	停止否定自己	➡ P. 028
○	知道即使失敗或與身邊的人不同也沒關係	➡ P. 030, 044
○	知道即使無法馬上做到自己依然有價值	➡ P. 040
○	即使還不成熟也試著盡全力	➡ P. 158
○	依照自己的想法以自己的步調做事	➡ P. 040
○	稱讚「嘗試挑戰的自己」	➡ P. 032, 100
○	寬容對待做不到的人	➡ P. 042
○	注意力放在他人的優點並給予稱讚	➡ P. 034

PERSONAL TYPE

01

容易煩躁的人

「道謝是很一般的事，不這麼做的人也太沒禮貌！」、「真不敢相信竟然會做出這種事」等等，你應該有過這樣的煩躁經驗吧？這些事會在日常生活中發生，接二連三地讓人感到煩躁。這時候感覺非常痛苦，所以一旦怒氣上升時，希望你能稍微思考一下是什麼事讓你覺得煩。

「一般都是這樣」。這個「一般」是否只是「屬於我的一般」？

有些人其實是做不到「我的一般」、「我的看法」的，不管是做不到的人還是不想做的人都沒有關係，當然啦，做不到的自己、不想做的自己也沒有關係。

沒有做好也沒關係，不想聽別人的指教也沒有關係。

無法待人和善也沒關係，不懂也沒關係，覺得煩躁也沒關係。

……沒有什麼事是非做不可的。

你可以這樣去思考。

「容易煩躁的人，是總是將自己塞入框架中的人」。

這樣的人已經學會了為了順利融入家庭、團體生活或周圍環境中，「我要這麼做」、「我不能這麼做」。

他們之所以有很多束縛自己的規定，或許只是因為想要一個可以放心的正確指引，「只要遵循這麼做就沒問題了」。

你一直是遵守著「應該要～」、「不可以～」的規矩努力到今天吧。

也許就在不知不覺間，「這麼做是當然的，絕對是好的」、「他為什麼做不到？」等，開始監督自己或他人不能出格。煩躁地責備他人，接著陷入自我厭惡再來責備自己……不斷在責他與自責中輪迴。希望你能避開掉入這樣的泥淖中。用自己的標準和想法對他人投以批判的目光，然後讓自己不開心，只是在浪費重要的人生時光。

相反地，可以這樣思考：他人讓自己煩躁的「地方」，代表自己的規定在運作，這是個察覺自我的好機會！例如因為別人沒有道謝而煩躁時，可以這麼想：「因為我平常很努力在感謝他人，所以才會希望別人也能夠感謝我吧……」

察覺之後，請好好地慰勞自己一番，**「我很努力地堅持了這一點呢」、「即使別人不這麼做，我也是努力地堅持到了現在呢」**。

藉由喚起憤怒的自己為他人著想的心以及同理心，肚子裡的一把火就會慢慢熄滅，內心有了餘裕之後，就更容易選擇要忽視或是告知對方了。

煩躁的時候是察覺自我規定的好時機。放寬嚴格的規矩，增加更多的自由。

▼可同時閱讀〈支配、控制他人的人〉P.142

PERSONAL TYPE 02

只要他人不順己意就生氣的人

他都不回我訊息……
已讀
為什麼他就是不能理解這樣我會不安呢？
我都已經告訴他了，他應該要懂才對呀……
妳很棒，可以說出自己的感受。
☆另一天
之後他開始會打電話給我了
太棒了！這不是很好嗎？
我想要的是他回我訊息！
妳也是很難改變的人呢！
!!

你可以把自己的想法傳達給他人，但卻不是傳達了之後別人就會什麼事都按照自己的想法去做。

你是否曾有明明理性明白這件事，卻還是忍不住覺得「這點小事幹嘛不聽我的？」、「既然重視我就該更努力吧？」而怒火上湧的經驗？

會因為他人不順己意就生氣的類型，**多數是因為自己一直以來都在按照他人的意思做事**，將回應他人的期待、不惹怒他人放在第一優先，維持了安穩的生活，所以遇到自己以外的他人隨心所欲地做事時，就會憤怒地覺得「不可以這樣」。

察覺到自己總是在配合他人之後……先跟自己說聲「辛苦了」吧。

接著告知他人自己的想法以後，就試著相信對方並等待，或是接受對方的風格，畢竟爭輸贏並不是原先的目的。

察覺自己總是在配合他人的想法，
然後好好慰勞自己。

▼可同時閱讀〈背負太多的人〉P.056

PERSONAL TYPE

03

無法依靠喜歡的人或朋友的人

「你很厲害很會忍耐」、「你總是很獨立」、「你好可靠我很放心」、「你長大了呢」，你是否因為小時候被這樣稱讚時覺得很開心，所以深信一個人自立自強是好事，是個優點呢？（尤其是長女，或是媽媽看起來總是很辛苦的人特別容易如此。）

然後在即使自己狀況不佳時也依然忍耐著度過……也許你的內心其實是渴望撒嬌，想要有人保護你的。很多人也因此不喜歡小孩。

一旦習慣一個人努力之，就算有想幫助你、有能力也值得信賴的人出現，你也會無意識地選擇獨力想辦法完成。其實每件事都該視情況而定，說出「可以聽我說嗎？」、「幫我一個忙」、「麻煩你了」完全沒關係，**請給別人一個付出的機會。**

而在日常生活中，希望你能夠多說「謝謝」來取代「對不起」。

相信並依靠他人的能力會增加「謝謝」的頻率。

▼可同時閱讀〈太在意給別人添麻煩的人〉P.070

PERSONAL TYPE

04

不斷責怪自己的人

那真是爛透了……
給我更認真一點。
好好反省之後多加點油吧？
為什麼不能像其他人一樣厲害？
真是個有缺陷的人類啊！
活著還有什麼意義啊？
妳呀！
可以不要再對自己言語暴力了嗎？

有這項煩惱的人共同點是「否定現在的自己」。你已經習慣了給自己定一條合格基準，然後老是找出沒達標的地方指責自己。這樣否定自己的原因在於，你心中有著「想要成為這個樣子」、「希望變成那個樣子」的理想，也可以說是具有提升自我的企圖心與責任感的人。

有期望是很正向積極的事，況且若只是「想要成為這個樣子」其實並不是煩惱，但是為了讓自己振作而嚴格要求改變，例如「一定要這樣」、「失敗就沒有生存價值了」，這種「為了成長而責怪自己」的方式就很難受了。而且可惜的是，自我否定會成為停止行動的原因，反而抑制了成長，所以不要再用責怪自己的方式了。

首先要知道「可以不需要責備自己」。身為完美主義者的你即使在責備自己時也是毫不留情（完全不妥協），所以要時時想起這一點。

回想起「現在的我也很好」、「沒有任何問題」非常重要。

▼可同時閱讀〈容易有壓力的人〉P.096

PERSONAL TYPE 05

愛逞強的人

我懂了
就是說
只要這麼做，人際關係就會很和平、就會很順利……
這我不懂
請教我
喔，這個要這樣……
咦？
可以說不懂嗎？
不過，搞不好會被說妳連這種事都不懂嗎？而被否定……
妳覺得誠實和不斷勉強自己還有說謊的妳，哪一種比較好？
對不起，也請教我。
OK
我可以理解妳會害怕

「我懂了（其實根本不懂）」、「好啊（其實不太願意）」、「我可以（其實很有可能做不來）」、「沒問題（其實根本有問題）」。

逞強的人經常出現這樣的反應，將「不行」視為自己的弱點，並害怕被別人得知自己的弱點。這樣的人也許是不想特別突出、不想被當怪人，所以一直不斷努力。**想展現完美的一面而逞強，其實背後的意思就是害怕被拒絕**，內在有著「不要放棄我」、「讓我加入」的脆弱真心。

不能說給自己壓力是件壞事，只是用逞強的方式逼得自己喘不過氣，或是如果出現問題搞壞了關係就會是本末倒置了。

如果真的是因為不夠努力，那就道歉，說自己「學得不夠多很抱歉」，表明自己「有困難」也沒關係。即使覺得丟臉也要先嘗試表達，萬一該環境只能接受偽裝的你，那還是快逃比較好。

能夠不扭曲現實如實接受的人才是強者。

▼可同時閱讀〈無法拒絕、說不出口的人〉P.064

PERSONAL TYPE 06

用「但是」、「可是」給自己零分的人

有些人會用「但是」、「可是」等否定連接詞，把自己說得彷彿一無是處。

像是「今天很開心，但是只有我一個人說個不停……」、「我試過了，可是結果不順利……」的想法。

「我只做到這項」，這句話中有著「做到了這項」的事實；就算以結果而言不順利，其中也包含了曾經挑戰過的事實。如果是「一件好事也沒有」，那其實代表「知道自己討厭什麼了」，而且也「成功克服討厭的事了」。當然可以自我反省，但既然要反省，也將焦點放在積極正向的一面。

找出肯定的一面後，就能夠升級！我自己是以這種玩遊戲的感覺堅持了下來。

「這種小事也可以給予肯定嗎？」——可以的。**不論是你覺得多麼細微的事，都不是「每個人都能理所當然做到」的事。**

「做得到是理所當然」的想法，會蒙蔽你的眼睛。無論做得很好或做得普通，都要將鎂光燈打過去。

▼可同時閱讀〈容易和他人比較而沮喪的人〉P.068

PERSONAL TYPE 07

找不到自己優點的人

聽說我的個性被稱為「八面玲瓏」
是喔—
很不好吧！
非常糟糕……
無法拒絕
對每個人都一副好人臉
我想要那種能力。
無法拒絕
打造好印象
妳看這面
不覺得「八面玲瓏」是好事嗎？
也許可以找比我大的人聊聊。
畢竟我也這樣努力到今天！
無法拒絕
打造好印象
希望妳找到不痛苦的方式。

看待的角度不同，缺點也可以變成才華，只不過是因為沒有關注所以沒看見而已。為了讓自己可以看見各種面向，我總是將「這部分對我來說的可取之處是？」作為關鍵句。

例如個性纖細太過在意周遭的人，就思考個性纖細有什麼優點，我曾經被稱讚過很細心周到。從另一個角度看待「個性纖細」，就會變成「細心周到」；「配合他人」換個角度就是「體貼他人具奉獻精神」的優點，其他還有像是哭得出來代表能夠坦誠面對情緒。我因為想法曾經很負面，所以能夠體會的情緒很多樣，因此更能明白和我同類人的感受。

就像硬幣正反面一樣，每個人都有正向與負向兩方面的個性，**討厭的那一面並不是「壞事」或「敵人」**，只要細看該個性的另一面，就能與美好的那一面相遇。

問問自己：「缺點對我來說的可取之處是？」

▼可同時閱讀〈不必改進缺點也沒關係〉P.090

PERSONAL TYPE

08

門檻設立太高而無法起身行動的人

要是失敗了會被指責吧
這次大家都很看好妳喔
絕佳的成果 120%
不論誰來看
超越
盡全力
努力不被批評
不要緊張
成功
如他人期待
不留下懊悔
好不想出門……
妳很成功地把門檻拉高了呢！
不要把自己搞成一人黑心企業。覺得有一個目標沒達成就是失敗。
開開心心去做吧！
就算結果不如所想也沒關係！
再一起努力吧！

「一定要做好」、「一定要做正確」、「必須產出驚人成果」，越這麼想就越無法開始……**這種完美主義最大的受害者就是自己**，最顯著的特徵是「綁手綁腳」。沒有行動就不會有自信，就算起身行動了也因為拿來和理想中的高水準比較而無法產生自信，可以說是遭到喪失自信的連續技攻擊。不過這都是自導自演，因此希望你可以向自己伸出援手。

這類型的人一開始就給自己設定了根本不需要跨越的高門檻，所以請有意識地使用允許降低門檻的咒語「我可以～」，例如「我可以緊張」、「我可以徒勞無功」、「我可以不優秀」，這麼做並不會改變你的美好。就算不偉大也請肯定自己，如果可能發生討厭的事或害怕的事，只要事先允許這樣的事發生，就能往前邁進。

利用「我可以～」的允許咒語，
在想安心或想行動時降低降低再降低門檻。

▼可同時閱讀〈老是拖到最後一刻才要做的人〉P.158

PERSONAL TYPE 09

口頭禪是「絕對是」、「一般都」、「總是」的人

完美主義的人容易過度將極端的言語當成一般論點掛在嘴邊，例如「絕對是、一般都、總是、全部、完全」。他們不要差不多或是模糊，而是要黑白分明。

一旦極端的想法固化後，就會無法接受他人或場合的不同以及變化，或是明明進行得不順利，依然反覆同樣的行為。

這類型的人需要察覺這些口頭禪，或是**讓自己擁有「真的絕對是這樣嗎？總是這樣嗎？」這種懷疑的視角**。話是這麼說，不過還是很容易脫口而出「絕對不要這樣」或「你每次都這樣」對吧？

那也沒關係，要「完美地戒掉完美主義」是不可能的。說或不說、堅持或不堅持「絕對是」，只要選擇不是黑白分明的灰色或中間地帶就可以了。想像一匹斑馬，這樣就可以剛剛好地混合出「柔和了一點」、「還保留了這麼多呢」。

察覺自己用詞的習慣。
察覺會帶來改變。

▼可同時閱讀〈不是零就是一百極端的人〉P.100

PERSONAL TYPE

10

急著想得到答案或結果的人

禁止通行
在做工程啊……
好想趕快回家。
運氣真差……
關東煮
要繞路……
奇怪，這裡竟然有便利商店！
喔喔，這間店的東西比較齊全耶！
之前都沒發現。
哇
好漂亮！
天空和平常不一樣。
繞遠路似乎也不是壞事呢！

人類會因為想要早點放下心，想要一直幸福下去，所以渴望著「這樣就沒問題了」的答案，想要用「最快」、「最短的路徑」得到「最佳解答」和「成果」。

這應該可以說是「超人願望」了。然而世上沒有適合每一個人的完美答案，最終答案都只存在於自己心中。

我們每一個人都是「無可取代的獨立人格」，同時也是分類在「人類」這一項下的眾多之一，是個「凡人」。而每一個人都不一樣，都是特別的存在，這是一件極其普通的事，你擁有其他人絕對模仿不來的能力。也許會焦慮，會想太多，覺得「這樣真的可以嗎？」「這麼做對嗎？」但其實沒有人知道什麼才是正確答案。長大成人之後遇到的淨是些無法輕鬆解答的問題，不過重要的是找到你「覺得太好了」的地方，就算是繞遠路也有意義。

答案就在自己內心，將自己想選擇的選項當作答案，要是選錯了再從這裡修正軌道就好了。

▼可同時閱讀〈容易後悔的人〉P.110

PERSONAL TYPE

11

自尊心太強的人

自尊心太強的人對於「做得到」、「明白了」、「擅長某件事」的價值感受很偏頗，所以會過分要求，或為了讓他人明白而說過分的話。在人前扮演「能力佳的強人、厲害的人」或是「優等生」，或者假裝自己沒興趣，「我不想輸」、「不想被瞧不起」、「不想被笑」、「不想丟臉」，可以說他們需要依靠正確性或是厲害之處，才能夠保持自我不崩潰。你很害怕一旦不優秀就會認為自己沒有價值，因此很想逃避吧。

若是維持高雅或為自己自豪這種高自尊的狀態其實並不是壞事。**「保持自己的原貌會產生問題」，這麼想才是問題所在**。不要害怕，詢問自己是哪方面覺得有問題所以才沒有自信。

事實上，生命、感性，以及人的存在本身都是有價值的，即使輸給別人，即使不厲害，不管別人怎麼想，你的價值和魅力也絲毫不會減損一分。

丟掉「能力差的人沒有價值」這種根深柢固的前提。

▼可同時閱讀〈總是用笑容掩飾的人〉P.126

PERSONAL TYPE

12

害怕別人給負評的人

我沒辦法同時做很多事情。
回條呢？
之前也忘了孩子要交的調查回條。
對不起！我在想工作的事結果忘了！
沒關係啦
這樣真的是給別人帶來困擾，而且道歉會讓情緒很低落呢！
能夠展現自己不足一面的媽媽很棒喔！
我覺得這是很了不起的教育！
對不起
沒關係
可以知道要彼此互助，或是明白不同的世界。
不完美也是會有好事發生喔！

有些人太過在意他人的評價，或是沒辦法展現出真正的自己。**「害怕被討厭」是人類所擁有最普遍的情感，可惜的是世界上沒有能夠讓所有人都喜歡自己的魔法，**既然如此，不妨試試這麼做。

承認自己害怕負面評價的弱點，用理論贏過恐懼。

這是我個人的經驗，自從我對於負面評價不要想太多，心一橫想著「說什麼都沒關係」去做之後，就開始獲得他人的理解與同感了。

這裡介紹兩個如何保護內心不因恐懼他人評價而被束縛的理論。一個是心理學及商學領域很有名的「2：7：1」法則，這是在說他人對自己「喜歡：無視：討厭」的比例，很自然會分為兩成：七成：一成。另一個則是電視節目的觀眾評價最好有三成的不滿意，聽說這是因為業界認為沒有不滿意＝沒有話題性的關係。

不要因為恐懼而封印「打算做」或「想做」的事。要是精神失去了平衡，就用「肯定情緒」＋「理論」來調整。

▼可同時閱讀〈害怕「害怕」本身的人〉P.160

PERSONAL TYPE 13

焦慮著「非做不可」的人

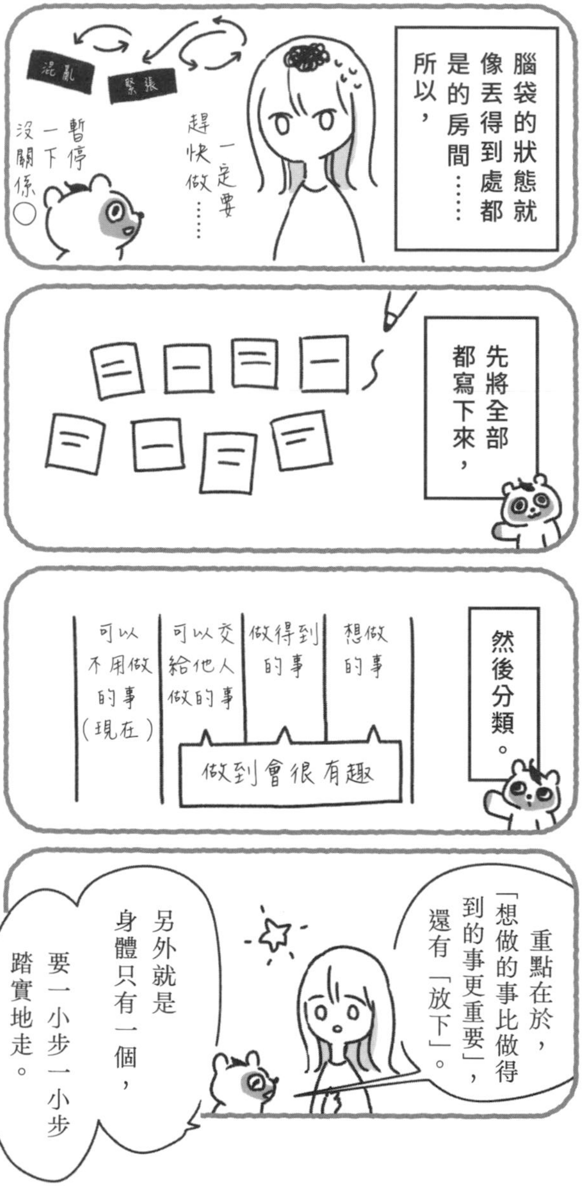

腦袋的狀態就像丟得到處都是的房間……所以，
一定要趕快做……
混亂
緊張
暫停一下沒關係◯
先將全部都寫下來，
然後分類。
想做的事
做得到的事
可以交給他人做的事
可以不用做的事（現在）
做到會很有趣
重點在於，「想做的事比做得到的事更重要」，還有「放下」。
另外就是身體只有一個，要一小步一小步踏實地走。

有些人會焦慮於「這個非做不可」、「那個也非做不可」，帶著「非做不可」的義務感，在不安或負面狀態下前進真的是很辛苦的事。

如果不明白原因，只是處於煩躁狀態下的話，就會因不安導致焦慮感越來越膨脹，甚至只要開始想一件事，便會衍生出第二件、第三件，反而增加混亂。

因此首要事項就是**綜觀整體**，所以希望你先寫出所有的待辦工作，這件事、那件事，或是很在意的小事也全部寫下來。寫下來之後按照順序從「自己想做的事↓自己做得到的事↓可以交給別人做的事↓可以不用做的事」傾聽自己的內心。如果無法分類，那是因為你以他人或社會強迫你扮演的你在思考的關係，像是朋友怎麼想、媽媽怎麼想、社會怎麼看待……

不要帶著滿滿的不安和義務感前進，首先要了解「非做不可」的真面目是什麼。祝福你能放下「不想做的事」，越來越按照自己的意思前進。

用自己的心做選擇，其實選項無限寬廣。

▼可同時閱讀〈無法自己下決定的人〉P.156

PERSONAL TYPE

14

給接下來即將努力和想要努力的人

～幾點事前心理準備給下定決心要努力的完美主義者～

1　相信自己、抬頭挺胸：一定做得到、一定會有辦法的，所以看向前方。

2　徹底失敗：明白無知、未知、失誤、極限之處，每一個都只是中途站。你身旁有戰友，所以只要「啊哈哈」笑著前進就可以了。

3　徹底被討厭：明白與他人的差異和距離。靠感謝不曾離開的人來鍛鍊心智。

4　疲憊時徹底休息：有時候就是會有「偶然」，不要太過煩惱。一旦精神和勇氣不足時就充個電吧。

5　機會總會到來：不需要每次都打從一開始就劍指全壘打。只要做「現在做得到的事」就可以突破。

——再來就是，**「沒有正確答案教科書，所以放膽享受吧！」**

不管幾次都要抬頭挺胸
稱讚自己、相信自己、往前邁進。

▼可同時閱讀〈門檻設立太高而無法起身行動的人〉P.036

Kii's Message

改善內心的平衡

我們之所以無法公正看待現實、會負面煩惱事情是因為內心失去平衡了，那麼，該怎麼做才能將偏頗校正回中庸呢？

我最常用的方法是找出「應該～、一定要～」「不應該～、不可以～」這類屬於禁止的「自我規定」，並轉換成「我可以這麼做」。

可以麻煩別人、可以犯錯、可以被討厭、可以討厭別人、可以依靠別人、可以像個孩子、沒辦法主動打招呼也沒關係、可以不讓父母感到驕傲、可以不用忍耐……讓自己處在「做或不做都可以」的平衡狀態。

之後，如果內心覺得「想建立良好關係」，「但這樣需要打招呼，那就去打招呼吧」再起身行動。一旦明白自己是根據目的和場合依照自我意志做決定的，受到他人或社會價值觀限制、只是出於義務的僵化想法就會鬆動，也會慢慢減少厭惡自己或他人的狀況。

注意內心的不平衡，
並試著調適它！

第2章

太過在意他人而感到痛苦

CHECK!

沒有自我、正在失去自我的人的特徵

配合他人某方面而言是件好事，但如果任何時候都這麼做，就會慢慢喪失自我，而開始壓抑自我感受、自我思考甚至重要的事，或是無法察覺自己身處於痛苦之中。請以客觀的視角檢視以下。

無法說不
無法自己下決定
覺得「想要〇〇」、「希望別人〇〇」是種任性
不懂自己

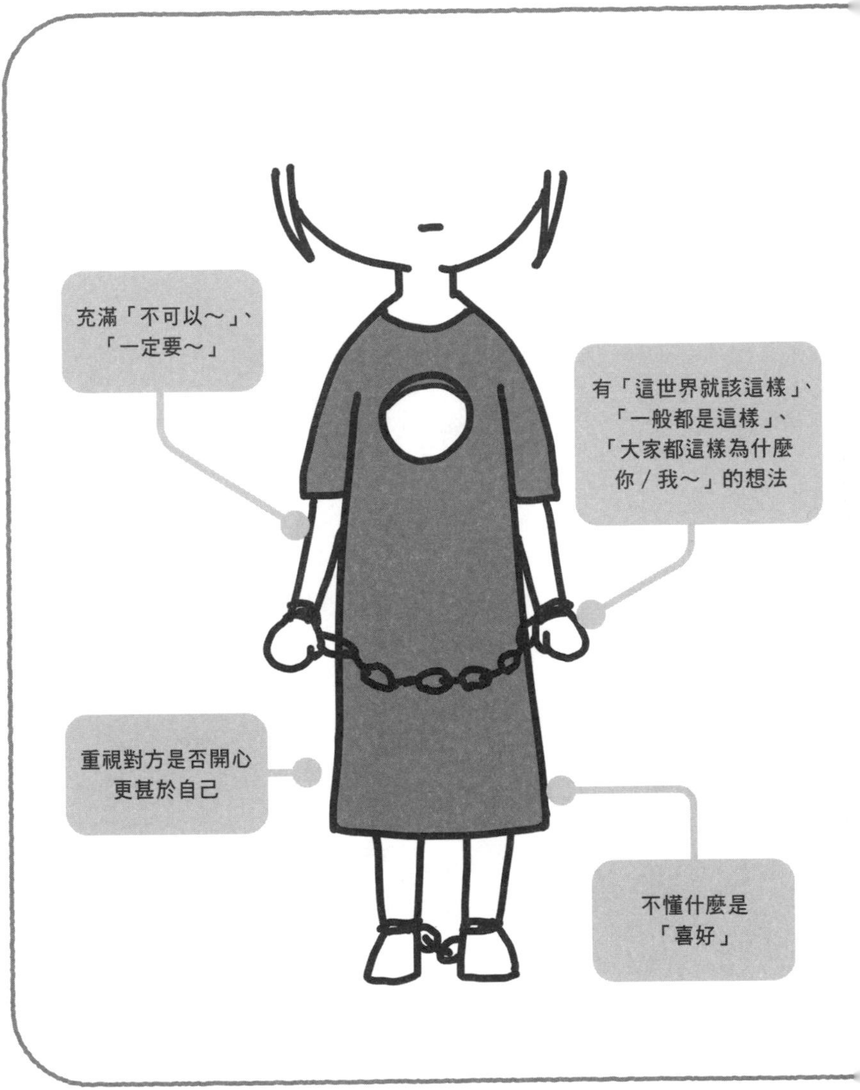
充滿「不可以～」、「一定要～」
有「這世界就該這樣」、「一般都是這樣」、「大家都這樣為什麼你／我～」的想法
重視對方是否開心更甚於自己
不懂什麼是「喜好」

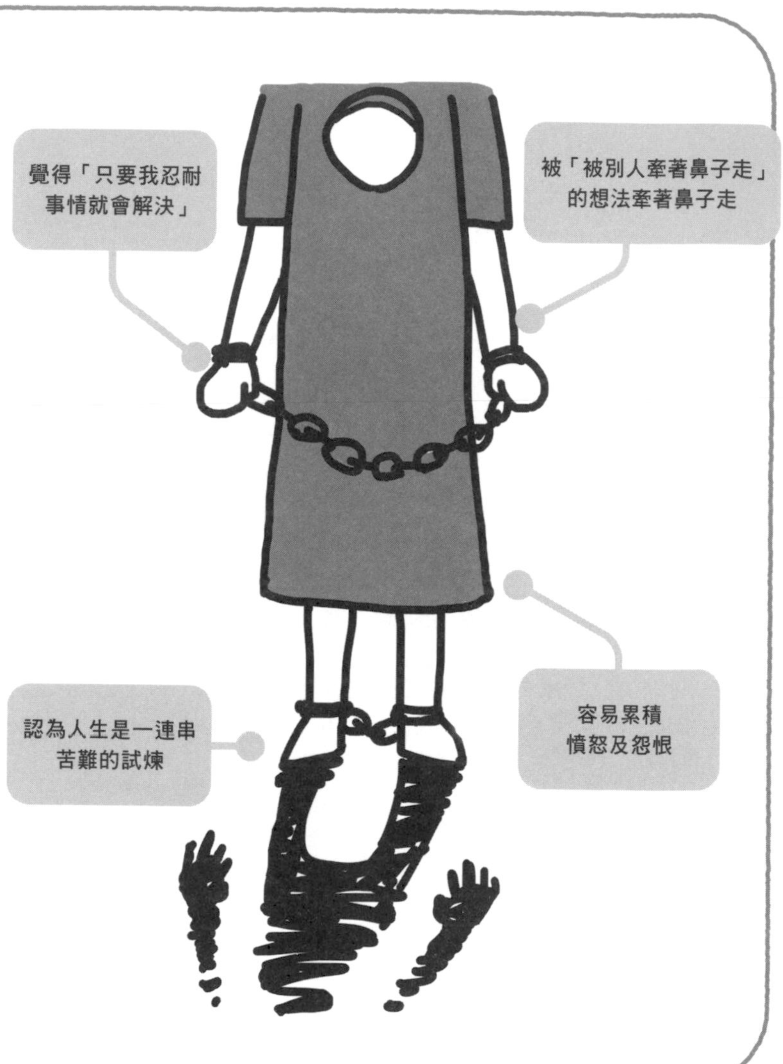
覺得「只要我忍耐
事情就會解決」
被「被別人牽著鼻子走」
的想法牽著鼻子走
認為人生是一連串
苦難的試煉
容易累積
憤怒及怨恨

CHECK LIST

化痛苦為輕鬆的方法

○	與他人之間畫界線	➡ P. 056
○	想著「可以什麼都不做」、 「可以待在這裡」	➡ P. 060, 062
○	拒絕、表達自己的想法	➡ P. 064, 080, 154
○	將注意力放在自己擁有的東西上	➡ P. 068
○	不要太在意麻煩他人或我行我素	➡ P. 070
○	待自己好	➡ P. 050, 084
○	了解自己不需要 「和每個人都隨時好來好去」	➡ P. 078
○	察覺真正的自己	➡ P. 080, 118
○	人生的主角是自己， 別人的人生就交給別人去過	➡ P. 070, 086
○	關注自己的感受	➡ P. 072, 074

PERSONAL TYPE

15

背負太多的人

・今天發生的事
是因為我太無趣嗎？
只是對方有自己的事在煩惱而已。
・今天發生的事
星期日沒事的話一起去吃飯吧？
嗯
其實我不想去……
回答「對不起，這次我不能去」就好了。
・今天發生的事
前輩救我！
又要我做了嗎？
每次都幫忙，會剝奪對方的獨立機會。
不需要對他人的反應或情緒扛責任。
虛脫……
要先以自己為重
妳覺得快樂心情好才是最重要的！

有些人會為了他人的課題而耗弱神經，搞得自己越來越痛苦。你是否將對方的情緒、想法、對方應該自己思考的事全都背負在自己身上了呢？

例如：

- 對方如果不開心就覺得是自己害的。
- 因為對方這麼希望，就答應去見不想見的人。
- 害怕周圍的想法，所以無法踏出改變的一步，像是換工作等。
- 想太多，擔心給別人添麻煩或多管閒事。
- 因為朋友多數都反對，所以雖然不明就裡，還是覺得自己是錯的。
- 小孩不做功課自己會覺得很丟臉。
- 拚命想解決對方的問題。

將他人的情緒、狀態、問題都當成自己的事攬在身上的人，很容易對人際關係感到疲乏。

不知從何時起，比起自己的希望或心願，生活開始更優先於滿足他人的期待或需求。

希望他人開心、害怕他人生氣、希望別人肯定自己的孩子很優秀值得驕傲，或是想要永遠和朋友或男女朋友感情融洽，所以盡心盡力得理所當然。一直以來比起自己，都更優先為重要的人著想，或許因此最後連對待其他人也不斷重複同樣的做法努力到了現在。

其實你可以稍微放下其他人，為自己實現自己會感到開心的事。不將對方放在第一位也許會產生罪惡感，但這是根本不需要有的罪惡感。

因為這是你的人生，你才是主角。

事實上，你的情緒只屬於你，你的行為只有你才能決定。

不論周遭的人怎麼評論你的做法，都與你的價值沒有絲毫關係。

什麼事屬於自己的課題，什麼事屬於他人的課題，要由「最後承受該結果的人是誰？」來決定。

你有你自己的情感、思維、行為、狀況、喜好、步調、過去至今的人生，以及從今往後的人生要過。

同樣地，他人有他人的情感、思維、行為、狀況、喜好、步調、過去至今的人生，以及從今往後的人生要過。在我察覺這個道理之後，我的心情變得非常輕鬆，希望你也能分清楚自己和他人的人生，然後將貴重的人生活出你自己的樣子。

每一個人都是「自己人生的主角」。

▼可同時閱讀〈感覺他人在責怪自己的人〉P.120

PERSONAL TYPE 16

太過顧慮他人的人

必須去買可以輕鬆吃的點心和咖啡和茶……
(內心)早知道今天就不要來我家聚會，辦在外面就好了……
吃吧喝吧
說個不停……
嗯嗯，就是說……
(內心)真不想聽他一直抱怨……可是他只能在這裡說了吧……
妳真的是觀察入微，也是個願意讓他人開心的好人！
消耗
但是自己做得到並不代表妳非做不可喔！

有些人只要覺得自己幫不上忙、不能讓對方開心就會感到不安，而太過體恤他人。貼心的言行會讓對方高興，受他人感謝會感到安心，相反地，一旦沒有得到預期的反應，就會瞬間坐立難安，焦急著「必須做點什麼」，或是情緒陷入低潮。

要是「必須體察他人」的這種自我規定太嚴格，有時候就會責怪無力體察的自己或他人。**真正的體恤是「希望和對方維持良好關係因此自然而然做出的貼心舉動」**，若打從一開始就不是出於自然本意卻還持續下去的話，當然會感到疲勞。

希望你能察覺到為了他人評價或為了獲得好名聲，因此拚命展現「假體貼」的自己，尤其是如果發現自己抱著「我這是在幫你耶」的施恩心態體貼他人更是應該立即停止。不管對方期望什麼，或是對方怎麼想，那都是「對方的課題」。不要做太多「為了別人好」的事，而是讓自己休息，允許自己有什麼都不做的時間。

不用幫上別人的忙也可以待在這裡。
不需要將拚命體貼他人當成一項工作或義務。

▼可同時閱讀〈覺得幫助他人是自己生存意義的人〉P.088

PERSONAL TYPE

17

過度奉獻自己的人

非常感謝你和我這種人交往……
我不夠格
拜託你不要離開我……
要是太過火
妳幫我做事是天經地義的吧？
有時候對方會得了便宜還賣乖。
其實我很痛苦……不想做……很受傷……很難受……
有些人察覺不到這些情緒。
還好嗎……
極限……
理智斷線
遷怒比自己「低等」或「弱小」的人身上。
是我沒有用
是我不好
為了麻痺痛苦而沉溺於情緒中。

奉獻自己是在做事時會想到對方的美好行為。沒錯，奉獻自己並不是一件壞事，但希望你能關注在這麼做的動機上。

你奉獻自己的動機，是出自於「內心的愛情」？還是出自於「沒有自信」、「希望成為對方特別的存在不願對方離開（＝支配欲、依附欲）」？

若目的是維持關係，將對方視為比自己更「高等」的人、不希望對方覺得自己糟糕、不想被罵、想要討好對方而獻殷勤或服從對方就是做得太過火了，要多注意。**這是一種沒有察覺自己意志或想法只是在忍耐的狀態**，一旦這種狀態持續下去，就會因為需求沒有得到滿足而突然爆發，或是將怒氣發洩在覺得比自己「低等」、「弱小」的人身上，又或是對自己發怒，深陷自我批評或暴食等情緒中。

其實你只是想受到重視、想被理解，但你奉獻一切的心意有得到回報嗎？祝福你成為優先滿足自己、重視並善待自己的人。

你是否正在持續一段疲憊且消耗心神的關係？
請重視你認為輕鬆的感覺與快樂。

▼可同時閱讀〈逃不開的人〉P.136

PERSONAL TYPE 18

無法拒絕、說不出口的人

這我做不到。
知道了
因為自己是無法拒絕的人，所以被拒絕就很受傷，
要是又被拒絕或不被接受的話……我不要！
否定……
疼痛
疼痛
所以也無法拜託別人，只能一個人悶在心中。
一旦成為可以表達自己的想法拒絕他人的人，
這個我不需要，需要的時候我會再主動告訴你。
就會明白別人並不是在否定自己的內在。
原來如此……
只是「每個人都有自己的狀況和原因」而已。
OK

有些人會把自己自然的欲望和要求，看成是「任性」或「找麻煩」。不應該表達自己的意見、為了這種事生氣的我很奇怪、不知道該怎麼表達所以還是別開口好了……這類的意識在作祟，於是你習慣了壓抑湧現的情緒對吧。

在過去的環境中接收了「不要回嘴」、「只要聽我的就好了」、「聽不懂你在說什麼、你很怪」等等不受尊重的訊息，或是個人的要求經常遭受拒絕、一旦和別人不一樣就會被警告，因此而學到了不要說話比較好。

一路走來，你很努力地沉默、配合他人、犧牲自我吧。

不斷持續「只要我忍耐一切就太平了」，這麼做很辛苦的。

相反地，因為說不出真心話，所以用氣氛表達「快點發現我的需求」也不是件好事。不說出口別人就無法了解，會變成交給對方決定的單向對話。

因為自己不拒絕，所以被別人拒絕就會受傷，或是覺得會被拒絕，因此無法拜託他人或依靠他人。因為自己不明確地表達，所以對於別人明確的表達感到害怕或是憤怒……很多人會基於以上的經驗，於是開始逃避與他人來往這件事本身。

開口說，起身行動。

希望你能多尊重自己的自由和任性，以及對方的自由和任性。那只是討厭、希望對方停止、我有困難幫幫我、不去、不做、好想放棄……並不是什麼壞事，希望你能一點一點慢慢習慣。平常就向對方表達感謝及肯定，可以多少緩和「拒絕語句」中的嚴肅性。

不要期待對方會用自己希望的方式回應，重要的是把它想成這只是為了自己而做。

要分清楚「要求對方回饋」和「表達自己」的不同。

話雖如此，還是會很害怕對方的反應對吧？我可以理解拒絕或說出口可能會破壞關係，因此充滿了不安。

但因為這樣就不說出口，有時候對方就會不帶惡意地重複同樣的行為，然後自己默默感到受傷，認為對方是壞人，覺得越來越討厭，導致關係無法持續。

不溝通，只靠彼此揣測有其極限，氣氛和心情都是肉眼不可見的東西，沒辦法正確解讀。若你認為「我是可以解讀他人情緒的人」，這份自信是種傲慢。

我不是要你成為口無遮攔的人，而是符合本項類型的人會因為勇敢拒絕他人、表達自己的想法而拓展人際關係和世界。

從無法拒絕、無法依靠他人的循環中脫身。

▼可同時閱讀〈無法依靠喜歡的人或朋友的人〉P.026

PERSONAL TYPE 19

容易和他人比較而沮喪的人

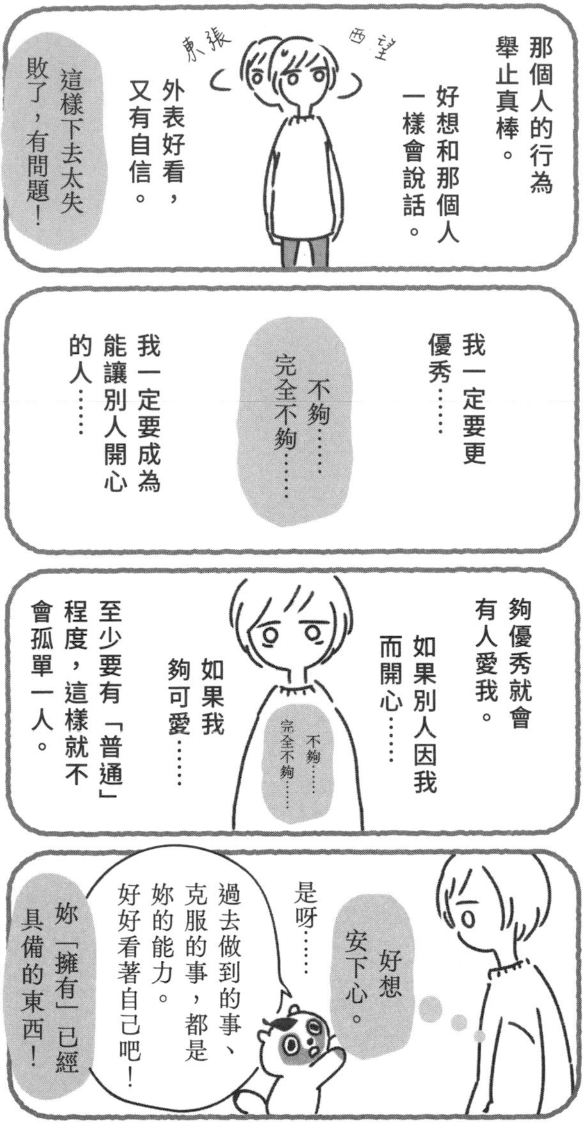

那個人的行為舉止真棒。
好想和那個人一樣會說話。
東張
西望
外表好看，又有自信。
這樣下去太失敗了，有問題！
我一定要更優秀……
不夠……完全不夠……
我一定要成為能讓別人開心的人……
夠優秀就會有人愛我。
如果別人因我而開心……
如果我夠可愛……
不夠……完全不夠……
至少要有「普通」程度，這樣就不會孤單一人。
好想安下心。
是呀……
過去做到的事、克服的事，都是妳的能力。好好看著自己吧！
妳「擁有」已經具備的東西！

對自己沒有自信的人總是會和他人比較然後感到沮喪，內心抱持著我這樣不行、一定要做好、外表一定要好看、朋友不夠多沒有交往對象所以失敗、要成為像那樣的人不然就……各種恐懼。

究竟在害怕什麼呢——其實是害怕不被愛。

做人不夠成功就無法獲得肯定、會被放棄、保持現在的樣子得不到愛，所以為了努力獲得肯定、被愛，就故意不肯定自己，說自己「努力不足、還不夠、要更謙虛」。

這股**不服輸和純粹的想法**曾經真的提升了成果、讓對方感到開心了吧？**請回想那些時刻，這就是你的能力**。

他人的存在是用來參考，而不是用來比較的。還有，什麼無法回應期待無法達到理想別人就不會愛自己，不要再被這種愛情的條件耍得團團轉了。

真的想比較，就和過去的自己比較

找出自己「學會的事」以及「克服的事」。

▼可同時閱讀〈感到不安的當下能怎麼做〉P.166

PERSONAL TYPE

20

太在意給別人添麻煩的人

可以明天早上再確認嗎？
……好想這麼問
可是……
對方可能會覺得，什麼事都要問的話很煩……
與其現在問還是早上直接和他說比較好吧……
不知道對方會不會困擾，讓人感到很不安吧！
不過
話在說出口之前是屬於自己的課題。
可以早上確認嗎？
而是否困擾則是對方的課題喔！

多數在意他人眼光行事的人，常常擔心「如果把自己擺第一位、重視自己的話，會不會造成他人的麻煩，或是顯得自己很任性？」，其實這就證明了你從小開始學習社會化與自我之間的平衡，努力不帶給最愛的媽媽或朋友困擾。只不過**如果太過社會化，就會找不到自己想做的事**，或是即使想做也不去做，最後很有可能失去個人的主體性。

同質化和協調不一樣。「困擾」也要分成自己和他人的課題，具體來說，**「自己決定的事情自己做」，到這裡是屬於自己的課題，而對你做的事情「怎麼想」、「會有什麼反應」則是對方的課題。**

其實給別人添麻煩也沒有關係，還是有辦法可以補救的。

要尊重自己內心「想做！」、「不想做！」的聲音。過去都以他人為中心隱藏了自我的人，甚至可以將這些心聲當成是寶物。

決定是否為「困擾」的人是別人。
要想著「只要活著，大家都有機會給別人帶來困擾」。

▼可同時閱讀〈不擅長與他人相處的人〉P.108

PERSONAL TYPE 21

沒有自我重心的人

我們
你覺得該怎麼辦？
都非常渴望「成功的保障」。
無法下決定時，就會越想越複雜。
不想失敗……
萬一失敗的話……
因為關注在風險和失敗上，所以覺得痛苦……
如果是自己做的決定，就不能怪罪在別人身上。
所以才不想做決定對吧！
我也想要有能夠接受一切的胸懷
丟掉「這是正確答案嗎？」的想法。
下定決心之後，就尊重當時自己的選擇！

沒有自我重心的人，總是在尋找社會或他人的「正確答案」。「這種時候什麼才是正確答案？」因為害怕錯誤，所以會看他人的臉色、氣氛和時機，但依舊不清楚自己做的是否正確，然後隨著不安轉來轉去。有時候還會因為問朋友、問父母、問網路，資訊和選擇太多而腦袋一片混亂。

如果把別人說的話原封不動當成自己的想法，自己就可以停止思考而很輕鬆，和別人一樣也讓人放心，**但是這樣會犧牲自己的內心，漸漸失去自信**。

事實上，沒有人是「沒有自我重心」的，只不過是「失去了自我重心」而已，每個人都有自己的重心，只是隱藏起來，成為保護自己的處世之道。

為了找出深藏於內心的自我重心，比起正確與否，要去感受自己是否快樂；比起應該這麼做，更要去感受我想這麼做、我希望這樣。即使有人給予建議，但最後做決定的仍是自己，然後告訴自己**「當時自己的選擇，就是當時的最佳決定」**。不要後悔！

傾聽「自己想怎麼做？」
找回失去的「自我重心」。

▼可同時閱讀〈急著想得到答案或結果的人〉P.040

PERSONAL TYPE

22

沒有想做的事、不知道自己想做什麼的人

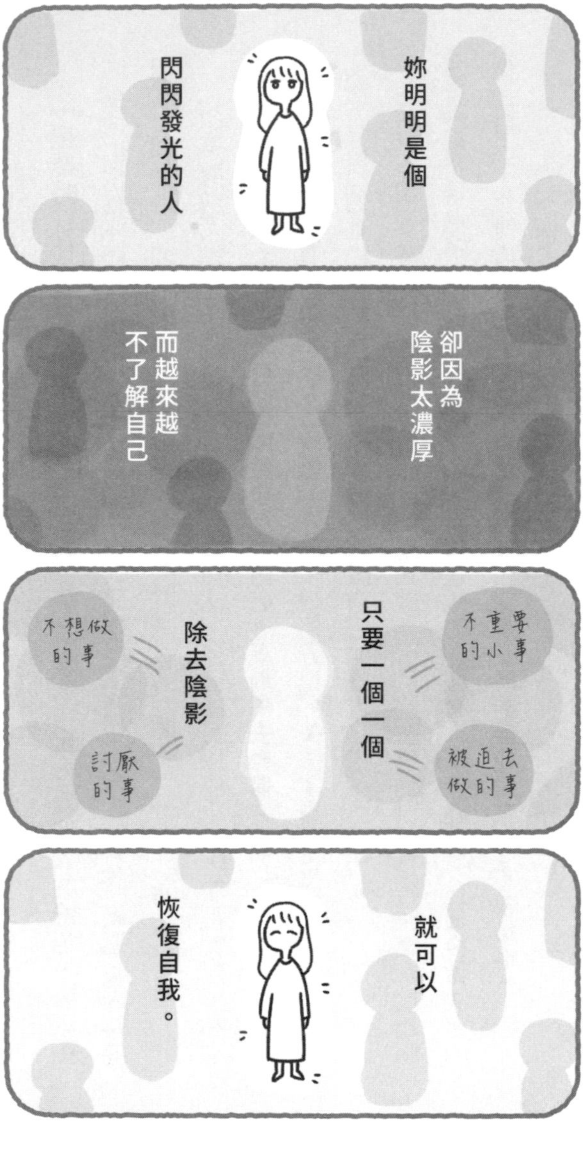

妳明明是個
閃閃發光的人
卻因為
陰影太濃厚
而越來越
不了解自己
不重要的小事
被迫去做的事
只要一個一個
除去陰影
不想做的事
討厭的事
就可以
恢復自我。

「不可以造成別人麻煩」、「要和別人一樣努力」、「不要這樣做要那樣做」。「應該要配合他人」，這種想法在學校生活中有被特別強調的傾向，而**越是單純老實的人越會相信這句話，於是開始「為了他人」而活**，所以長大成人後，突然被問到「你想怎麼做？」時會感到不知所措，這在某種意義上其實是理所當然的。沒有想做的事不是你的錯。

在這樣的背景之下，不知道自己想做什麼的人，常常配合他人，讓自己忙於「被迫去做的事」、「不重要的小事」。該怎麼做才能找出「想做的事」呢？這裡介紹三種方式。

1　反過來思考「不想做的事」。

找出「現在不想做的事」，而不是「現在想做的事」，只要停止做「不想做的事」，「想做的事」就會冒出頭來。每個人都擁有自我實現的欲望，這代表了「絕對不願意人生在被迫去做不想做的事之中結束」的心願，因此「不做不想做的事」會讓心情更輕鬆，同時也能慢慢實現夢想或做自己。

2 有意識地做選擇，「我喜歡這個所以選這個」，而不是「反正不討厭，這個就好了」。

「反正不討厭，這個就好了」等同於「隨便、無所謂」，如果身旁都是這一類的東西，讓人驚訝的是，這會在無意間吸走你的氣力。丟掉「隨便、無所謂」，將「喜歡」、「我要這個」填入你空下來的時間、空下來的內心留白，這麼做之後，心情的燦爛光明完全不一樣。然後是盡情為你的喜悅與快樂感到開心，千萬不要抑制你的熱情與幸福。

3 負起責任做選擇

「去外面走動」、「不要打扮成這樣」，長大成人之後不需要繼續順從於這麼說的人。一開始也許會害怕，不過你不用活在父母或他人的指教當中，而是為現在的自己負起責任做選擇。獨立自主是件非常重要的事。

自己選擇「想做的事」，即使是些枝微末節的事也好，例如今天的午餐、飲料、居家飾品、有興趣的課程或有興趣的地點……**不用拘泥於工作或夢想這類「傾盡人生的大事」，就算做得不好，沒有產能或無法產生利益也沒關係，就照著你的心情去做吧。**

「我只是覺得這很好玩（笑）」、「因為我喜歡」這類的想法，在精神層面可是具有極高度的價值喔。

丟掉「不想做」、「被迫去做」、「隨便、無所謂」的事物、人際往來和時間，了解屬於自己的微小喜悅。

▼可同時閱讀〈覺得對自己太好會變成廢人的人〉P.106

PERSONAL TYPE 23

覺得一定要和他人好好相處的人

人生這座舞臺只屬於自己
創意
由自己決定劇本或演員
如果整天回想討厭的人或討厭的場景……
A
我
A
妳不要太自我膨脹了！
（打擊……）對不起。
照我說的去做就好！
不停反覆重播，不就代表妳很喜歡嗎？
這根本是妳喜愛的演員以及喜愛的場景嘛！
用這種吐槽的方式讓他們離開舞臺。
我一點也不喜歡！
我想要的舞臺上的人和場景不是這些！
擦掉 擦掉
妳沒辦法重視所有人，也不需要這麼做。

「要重視所有人」的想法會讓你的內心受傷。

從小父母師長就教育我們「要和大家好好相處」，但如果人生一直遵照這個守則，就沒辦法做自己了。還有些人會因為「必須配合他人，讓別人喜歡自己」的想法而太過在意他人的言行舉止，因而產生人類恐懼症。

瞧不起你的人、責難你真實想法的人、把你當物品不尊重你的人、以「為你好」的名義控制你的人、不為你的幸福開心的人、耗弱你心神的人，要離這些人越遠越好，你可以不要讓他們在你的人生舞臺中登場，或是請他們退場，並且快逃不要和他們來往。

另一方面，若是你正處於小心翼翼不起衝突的關係中，請打開天窗說亮話，有時候爭吵過後反而是一段輕鬆關係的開始。**並不是交情好＝好關係、近距離＝最適合的距離**，要慎選你想要優先來往的人以及與對方的距離。

如果可以平等對待每個人，
無論何時都能夠愛對方，那就是神佛了。

▼可同時閱讀〈因為寂寞而寧濫勿缺的人〉P.122

PERSONAL TYPE 24

覺得自己很空虛的人

不快樂但還是笑著。
不認同但還是道歉。
我已經習慣而且覺得非常理所當然了。
這不是說謊。
我聽起來，
妳是在說，雖然和大家一起，卻還是
覺得好寂寞、好空虛喔？

能夠敏銳體恤他人的人，雖然經常思考他人的感受，但卻無法關注在自己的情緒上，因此受到空虛感折磨，內心被掏空，或是開了一個洞的感覺，無論再怎麼努力，都不認為自己這樣就好了。

他們很努力地不讓自己看起來很怪、不被討厭、不讓別人難過，因為想珍惜他人、希望對方開心，所以不知不覺開始常常「演戲」。這麼生活久了以後，**就連自己也漸漸被騙**，搞不清楚哪一個才是真正的自己，什麼才是自己「喜歡」、「開心」、「想要怎麼做」。

「希望受肯定、希望受稱讚」

「希望永遠支持我，不要離開我」

「我只能活在這個地方」

「請給我安心感與安全感」

這樣的想法越強，就會越害怕被人拒絕，即使是可以說出真心話的時候，也無法坦率表達自己，而隱藏起自己的心情。

請容我在這裡說句話。

——你真的非常努力了，努力到不惜抹殺自己。

為了他人而做或是演戲，其實是為了自己。你已經習慣對自己說謊了吧？這份能夠察覺他人、體貼他人的細心與順從度，是你優秀的才華。

希望你不要浪費這份才華，因此我想說「你的世界並不局限於你現在所處的那個地方」。

在時間、責任、體貼、事物的決定權等方面，你是否處於公平的關係中？你是否處在單方面付出的關係中？你可以和對方分享心情，且對方能夠理解你和你對話嗎？

也許你很重視很喜歡他人，或是害怕被討厭的感覺。希望你能夠問問自己，你的演戲只是單純的謊言，還是體貼對方，又或是想要緩和可能傷害到他人的過度激烈的真實想法？

即使只是善意的謊言，但**因為你重要的人格依然存在，所以會感到痛苦**。如果很難說出口的話，就用「請聽我說……」、「我知道你沒有惡意，可是……」、「老實說……」、「雖然我這麼說，但其實我……」當作開場白來帶入話題試試。

因為你偽裝自己，或是為了體恤他人而隱藏自己，所以才會覺得「即使和別人在一起依然覺得寂寞空虛」。解放真正的自己、認同自己，會提升無論周遭怎麼想，都相信自己，以自己為主體活下去的力量。如果無法向他人敞開心胸，那麼至少要對自己誠實。你是無可取代的獨立人格，你可以為自己的真心話感到驕傲並好好珍惜。

不要演戲演到連自己都騙，讓自己被掏空。

▼可同時閱讀〈連對自己都要隱藏情緒的人〉P.104

PERSONAL TYPE 25

不知道如何善待自己的人

對自己好就是重視自己，這裡介紹三個方法。

1　不要責怪自己：停止「都是我的錯」、「是我不好」。

但這也不代表「那是某某人的錯囉？」。多數情況都是「自己的原因」和「他人的原因」和「意料之外的巧合」所交織形成的事件，沒有辦法認定誰好誰壞。用「真令人難過」、「真令人驚訝」結束，就這樣，不要責怪自己。

2　接受：接受別人稱讚的言詞或感謝。

從他人身上可以習得自己沒有的觀點及肯定。看見自己優點的人說出來的話是件禮物，因此要好好收下；相反地，非提供意見的批評言論或責難是丟到身上的石頭，不需要接受。

3　做想做的事：不要再做不想做的事，放棄忍耐，選擇喜歡的事或愉快的事。

如上所述，按照自我意志選擇，「自我決定感」非常重要。

1不要責怪自己。　2接受。　3做想做的事。

請給予自己幫助。

▼可同時閱讀〈分不清對自己好和縱容自己的人〉P.126

PERSONAL TYPE 26

對於他人的離去大受打擊的人

昨天到現在少了三個粉絲。
雖然是數字，但1就代表了「一個人」……
121位粉絲
一想到有人離開我，就很想知道原因，也覺得很難過。
他人的心情和感覺很難懂。
而且又不能如己所願，這種煩躁感會把內心逼得喘不過氣呢！
這麼想如何？
「離開的那些人是我請他們離開的」，
也許有一天他們會再靠過來，不過那不是現在。

大家應該有過被社群平臺上的粉絲數增減左右心情，或是和關係曾經很好的人例如朋友或情人說再見，而煩惱「這樣好嗎？」的經驗吧。我以前也很在意這些事，像是慢慢斷了聯絡、感覺瞬間成為了「陌生人」、因為和對方的關係不如自己所想而沮喪，不知道該怎麼看待這些事才能維持自己的情緒。這時候我突然想到了。

我不是「被討厭」，而是「**請對方討厭我**」。

不是「對方離開」，而是「**我請對方離開**」。

如果別人會因為你「做自己」而離開的話，那也只能說「對不起，我就是這樣的人」（笑）。什麼時間點啊、合不合得來啊，想找出原因只會落入沒有出口的困境。「也許有一天我們的距離會再縮短，不過那不是現在」，這麼想，就比較容易接受關係疏遠、情分變淡薄的事實了。

幸好有請對方離開。
因為我就是這樣的人。

▼可同時閱讀〈覺得一定要和他人好好相處的人〉P.078

PERSONAL TYPE

27

覺得幫助他人是自己生存意義的人

這種事越早做越好。
是沒錯……但我想再多考慮一下。
A方
再這樣下去大事不妙！為了她好，
我一定要想辦法做點什麼。
B方
這是我自己的問題，而且也要考慮時機，
真希望她在我回報之前，能乖乖地不要動作……
A方
B方
希望妳可以「相信」對方，並「不要插手」。
步調不一致很痛苦吧……

為他人奉獻自己是很了不起的事，能替相關的人幫忙也是獲得幸福感的方式之一。只是要問問自己的內心，自己這麼努力是希望得到感謝、讚賞或好評，還是為了滿足自我而努力提供援助或支持？

「為了對方好」、「我必須想辦法為他做點什麼」、「必須救濟弱者」、「沒有我對方就太可憐了」，你是不是在人際關係或工作中，一直擔任幫助他人的角色？如果不能評價自己的存在，就需要對他人有用、被喜歡、付出、忍耐，來尋求他人肯定自己的存在。

若自我評價是扭曲的，與他人之間的界線就會模糊不清，把別人的事當成自己的事攬在身上。就算你很想幫忙他人，也希望你能開始這麼想。

「別人是別人，我是我」、「為他的人生做選擇的人是他」、「幸福的定義會因為每個人的想法而不同」。

被他人需要才能肯定自我是一種依附。首要任務是先讓自己充滿笑容。

▼可同時閱讀〈依附成性的人〉P.138

Kii's Message

不必改進缺點也沒關係

你或許討厭自己的缺點，正想著好想改進、好想克服不擅長的事，但其實你的缺點可以給予某些人安心與勇氣。不完美才是人，而且會成為你的個性與風趣之處。

例如沒辦法繞口令的主播、會又哭又罵的精神科醫師、光明正大偷工減料的廚師、故事結尾沒梗的關西人、沒有自信的知名女演員、容易緊張的業務……

這些人是眼見耳聞之後，讓我安下心來的一群人，覺得他能夠做他自己真是太好了，好開心。

我不擅長團體行動，某些地方少根筋，錯漏字也多，但如果我很在意這些部分的話，就沒辦法從事現在的工作了。

謝謝這個世界上有這樣的你存在。不需要為缺點感到丟臉，或責怪自己、想要改進，與其花時間改進缺點，不如將時間和精力用在你喜歡、想做的事，或是繼續提升自己的優點。

你只要保持現在的自己
就很有魅力了 ♡

第3章

對自己的想法感到痛苦

CHECK!

覺得人生好難的人的特徵

就算沒有重大煩惱，也會因為日常生活中的一點小事而感到痛苦，像是與人溝通、在意他人怎麼看待自己等等，一點一滴消耗精神，內心疲憊不堪。只不過這個社會還有其他人，都比自己所想的更友善。確認看看自己的痛苦是否來自於根深柢固的僵化想法吧。

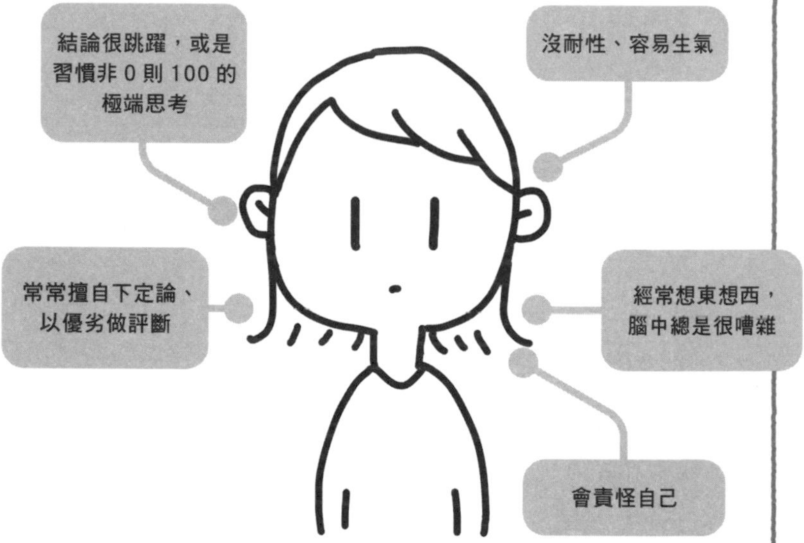

結論很跳躍，或是習慣非 0 則 100 的極端思考
沒耐性、容易生氣
常常擅自下定論、以優劣做評斷
經常想東想西，腦中總是很嘈雜
會責怪自己

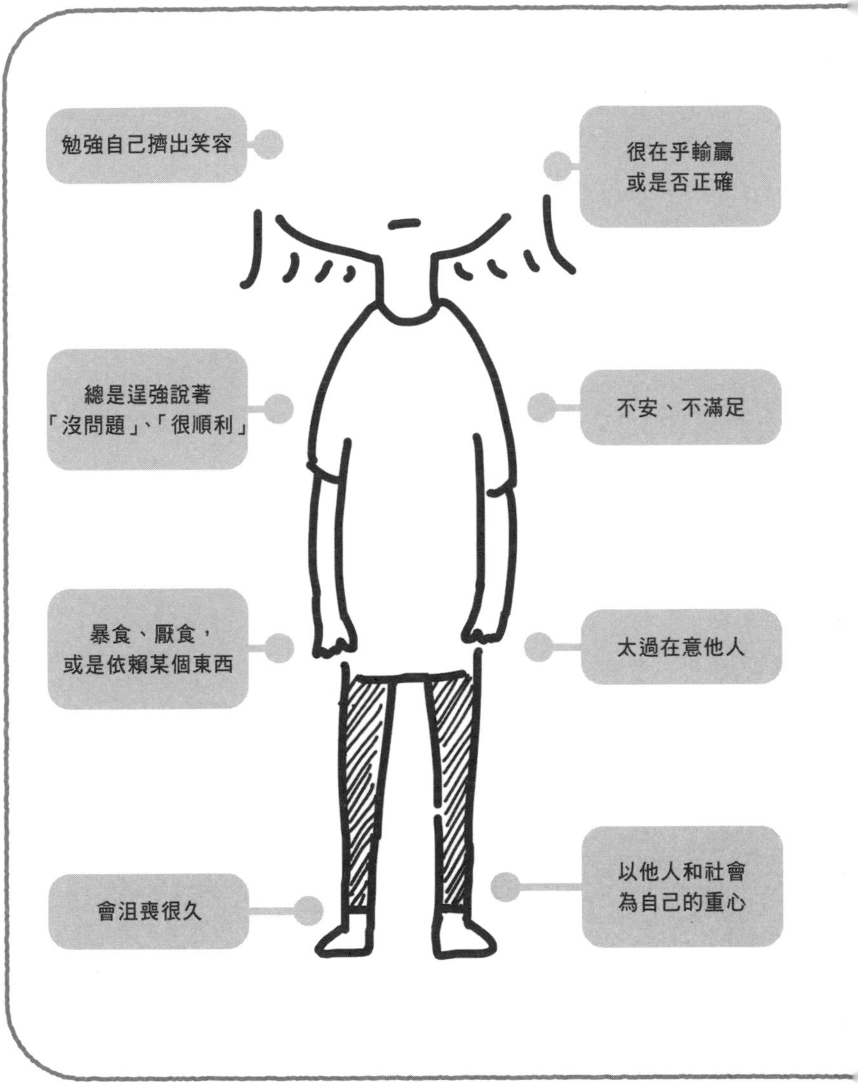
勉強自己擠出笑容
很在乎輸贏
或是否正確
總是逞強說著
「沒問題」、「很順利」
不安、不滿足
暴食、厭食，
或是依賴某個東西
太過在意他人
會沮喪很久
以他人和社會
為自己的重心

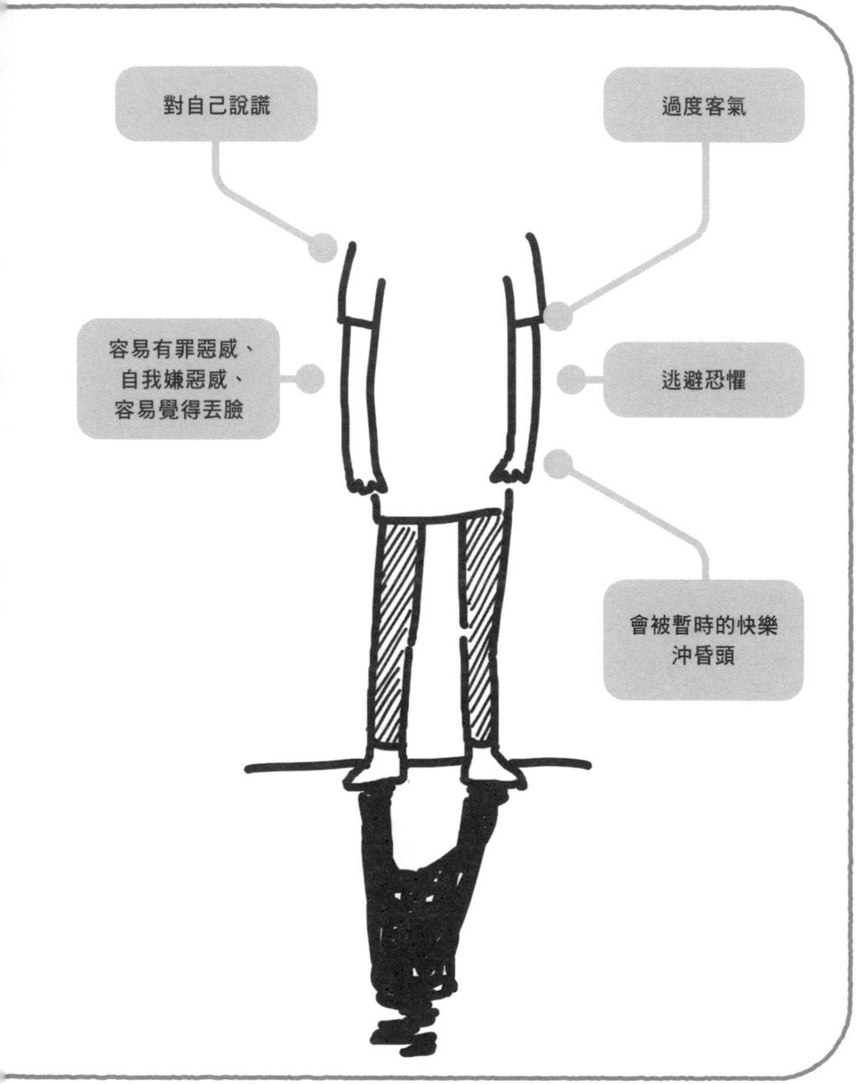
對自己說謊
過度客氣
容易有罪惡感、
自我嫌惡感、
容易覺得丟臉
逃避恐懼
會被暫時的快樂
沖昏頭

CHECK LIST

化痛苦為輕鬆的方法

○	不要否定自己的存在及人格	➡ P. 096
○	停止極端的思考方式	➡ P. 038, 100
○	仔細反芻 覺得自己不行的根據	➡ P. 114
○	肯定沒有自信的自己	➡ P. 108
○	關注在自己喜歡 及快樂的人事物上	➡ P. 074
○	寬待自己和他人	➡ P. 110, 120
○	了解負面思考 是自己無憑無據下的定論	➡ P. 112, 118
○	不加矯飾地面對自己	➡ P. 104
○	停止忍耐	➡ P. 102, 126
○	不是「縱容自己」， 而是「待自己好」	➡ P. 084, 128

PERSONAL TYPE

28

容易有壓力的人

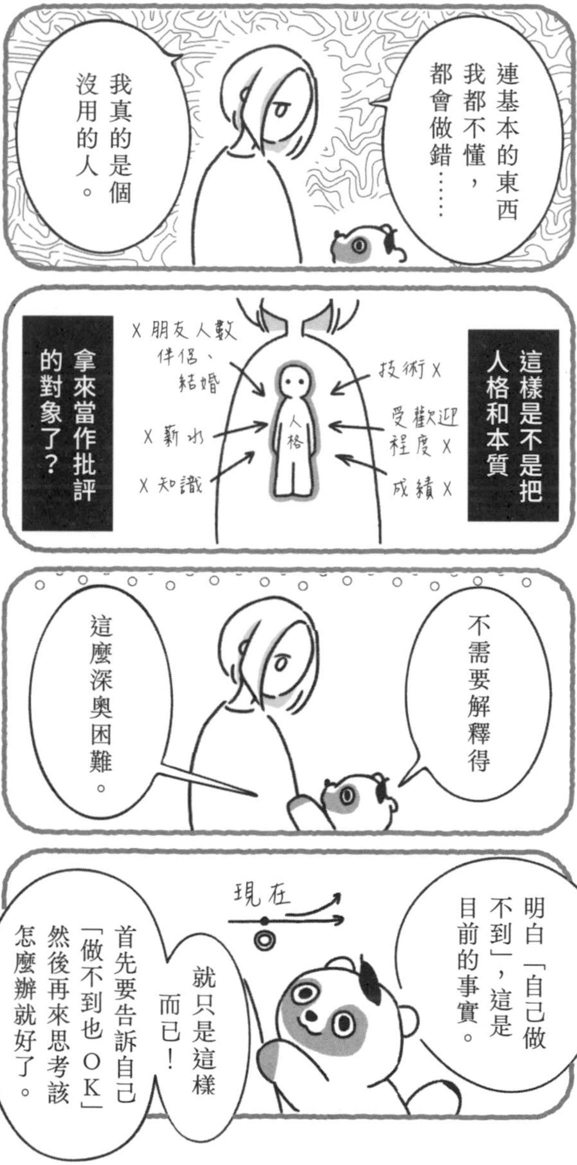
連基本的東西我都不懂，都會做錯……
我真的是個沒用的人。
這樣是不是把人格和本質拿來當作批評的對象了？
X朋友人數 伴侶、結婚
技術X
受歡迎程度X
X薪水
X知識
成績X
人格
不需要解釋得
這麼深奧困難。
明白「自己做不到」，這是目前的事實。
現在
就只是這樣而已！
首先要告訴自己「做不到也ＯＫ」然後再來思考該怎麼辦就好了。

容易有壓力的人會以「我沒用、是我的錯」作為基準來看待發生的事情。「失敗的我很沒用」、「被罵是因為我沒用」、「被討厭都是我的錯」、「做不到是我的錯」、「做不好的我很……」

他們會像這樣將壞事或他人的狀況、情緒與自己的人格或存在價值做連結。但是，真的是這樣嗎？

舉例來說，「我被男朋友甩了。我是個連喜歡的人都無法珍惜的爛人」。

這是自己和對方，各自必須對自己誠實，或是**彼此坦誠以對的溝通課題**，而不是只有自己單方面不好的問題，更何況還跟合得來與否以及時間點有關。

再舉個例子，「這都不會，我是個腦袋差沒用的人」。

這是屬於**技能和經驗多寡的課題**，並不是自己這個人沒用。而且我們也無法控制相關人員的喜好、擅長與否，還有意料之外的巧合。

有強烈責任感及成長欲望的一面是好事，但越會忍耐的人，壓力對後續帶來的影響會越大。無法如自己所想的確讓人懊悔且悲傷，有時候還會喪失自信，但這些事和你的價值及人格沒有關係。就算做不到、做得不順利、不擅長拿捏和他人之間的距離，**這些都是「中途站」**。

「沒有更深層的意義」。就這樣。

你可能會覺得少說得這麼簡單了，不過這很重要，我要再說一次。無論何時，不管發生什麼事，每個人都必然有其存在價值，從出生那一刻起就是如此。

不要為發生的事情任意賦予意義，然後深陷其中。

「真不甘心」、「好難過喔」、「大受打擊」。這些直率的情緒如果有人願意用「就是說呀……」的同理心來陪伴，是很值得高興的事。也要記得空出時間怒吼或沉浸在情緒中。

原原本本的自己的真實，這就是情緒。感受到悲傷時就解放情緒大哭一場，這樣內心才會平和。

情緒只需要去感受然後就可以結束了。接下來，即使害怕，也要「我原諒我自己」。

不要將壞事與「是我的錯」強烈連結。明白什麼是未知、無知與強人所難就是成長。

▼可同時閱讀〈覺得自己又失敗了的人〉P.118

PERSONAL TYPE 29

不是零就是一百極端的人

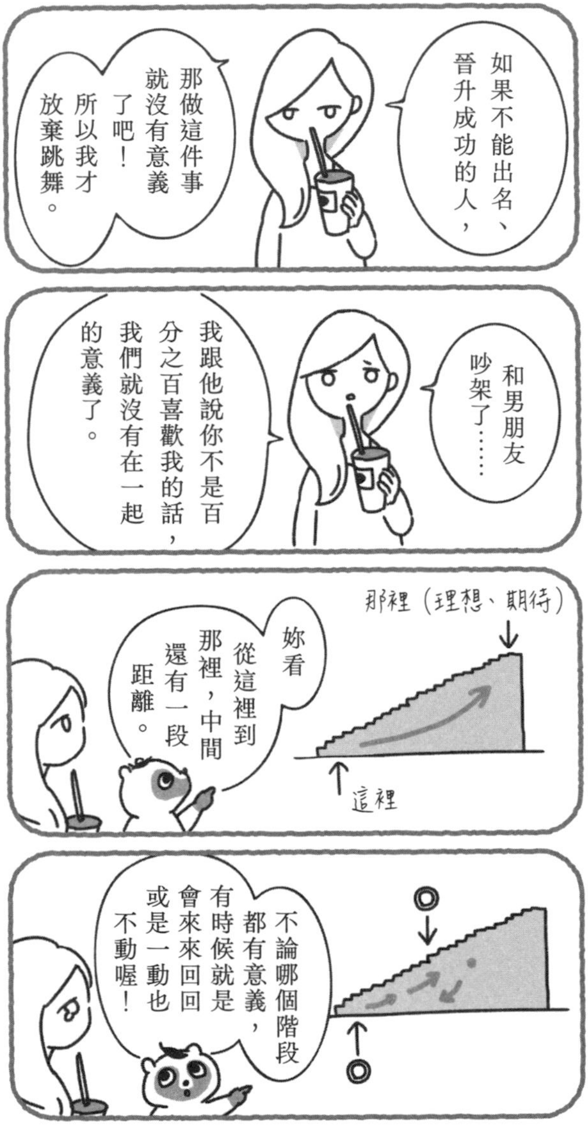
如果不能出名、晉升成功的人，
那做這件事就沒有意義了吧！所以我才放棄跳舞。
和男朋友吵架了……
我跟他說你不是百分之百喜歡我的話，我們就沒有在一起的意義了。
那裡（理想、期待）
這裡
妳看從這裡到那裡，中間還有一段距離。
不論哪個階段都有意義，有時候就是會來來回回或是一動也不動喔！

有些人沒辦法忍受到達一定程度就ＯＫ。

他們認為必須不斷更加努力，**強迫自己以「成功的人」、「無可挑剔」為目標**，無法自拔地恐懼自己不在受人肯定的層級中。

但或許他們真正要的並不是大道理，而是即使做得很爛、做不到，或半途放棄，也能得到「你已經好好思考過了」、「你已經挑戰過了」等同理的安慰。具強烈零或一百極端思維的人，多數是過去頻繁地在大範圍中，受到使用否定言論的他人或媒體價值觀的劇烈影響。

你現在是否以「在某人眼裡看起來是個好人」為目標？請稍微思考一下。

你不需要成為那個**某人理想中的人**，那個人也不會是適合你的人。

如果沒辦法做到「算了，就這樣吧」，代表現在正處於這個時期，那也沒有關係。

不論處於哪個階段都可以，開心享受和什麼都不做都是一種強韌。

▼可同時閱讀〈老是在評斷「好壞」的人〉P.150

PERSONAL TYPE 30

無法抱怨或示弱的人

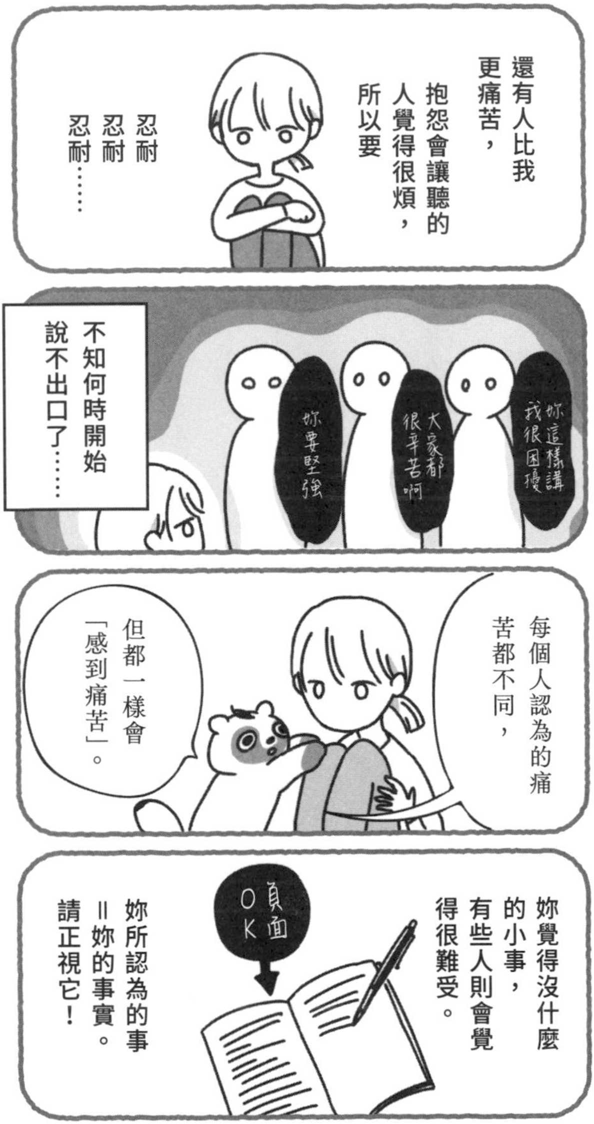
還有人比我更痛苦，抱怨會讓聽的人覺得很煩，所以要
忍耐 忍耐 忍耐……
妳這樣講我很困擾
大家都很辛苦啊
妳要堅強
不知何時開始說不出口了……
每個人認為的痛苦都不同，
但都一樣會「感到痛苦」。
妳覺得沒什麼的小事，有些人則會覺得很難受。
負面OK
妳所認為的事＝妳的事實。請正視它！

無法抱怨或示弱的人是封印了赤子之心的人，他們一直無法說出「沒辦法」、「做不到」、「討厭」、「不要」，以不說出口，來保持平穩的態度。

即使別人稱讚「你好堅強」、「你一個人不會有問題的」，也會在內心反駁「才沒有，我一肚子壞水心胸狹隘又任性」，覺得大家都不了解自己，痛苦越脹越大，有時候還會與他人比較痛苦的程度而默默忍耐下來。

請容我說一句。**這些忍耐是不必要的**。請正視你的情緒以及你的痛楚。

痛苦的情緒在不斷忽視之下只會一直膨脹，但只要願意重視就會消失。如果無法對人說出口的話，就試著寫筆記或記在手機的記事本上。首先要了解自己的情緒，別擔心，向前邁進可以晚一點再做。

總之都吐出來！

▼可同時閱讀〈與自己相處的方法〉P.169

PERSONAL TYPE

31

連對自己都要隱藏情緒的人

一旦禁止展現負面情感，
就會想讓自己打從一開始就沒有悲傷或憤怒。
吵死了！
給我振作一點
麻煩的傢伙
你是個大人了吧
給我像個普通人
真丟臉
寂
悲
怕
怒
但這只是假裝沒看見，
並不會真正消失。
如果自己都不願正視，
看著我們！
怕
寂
怒
悲
內心就會走向爆炸之路。

大家應該都不想看到自己負面的情感或骯髒的情緒吧。沒有大人樣的自己、做錯的自己、依賴他人的自己、不良且傲慢的自己，可以的話真希望對自己隱藏起這樣的自己。害怕正視自己。而且大家會稱讚的也都是正面樂觀的大人。

越是隱藏真正的情緒，**擅長忽視自己的人，越是會煩惱「沒辦法控制情緒」**。會突然流淚、突然暴怒的人，正是心中有很多不欲為人知的自己的人。這樣的你深信著不可以哭、不可以生氣、還不夠忍耐、應該要正面思考對吧？

首先，請感受自己的情緒。「好難過！」、「給我道歉！」、「好寂寞！」、「真希望他做〇〇事！」、「討厭！」、「理解我！」、「我一個人做不到！」、「給我放尊重點！」、「好想休息！」、「好想放棄！」……請用自己的話吐露這些心聲，請爆發一次看看。

先知道自己那些又哭又叫討厭的情緒，接下來該怎麼做那是下一步的事。

在拓展視野、切換情緒之前，
先徹底地情緒化一次。

▼可同時閱讀〈無法同理他人的人〉P.152

PERSONAL TYPE

32

覺得對自己太好會變成廢人的人

我喜歡布丁~
但討厭黑色的部分
留黃色的給我就好了~
拜託……
挖
—!!!
抱歉啦，沒辦法

有些人會問：「對自己太好的話，不會變成縱容自己，一事無成的人嗎？」我明白這種想法，變得無能是很可怕的事。

對自己好指的是**「關注在自己的喜好和幸福上，並去做想做的事」**，但事實上，並沒有能夠只做自己想做的事的環境。

舉例來說，即使是主張「要靠自己喜歡的事養活自己」的 YouTuber，寫企劃、錄製影片、編輯、看留言等作業，也不會每一樣都是他喜歡的事。

就像好處與壞處，有些事是無法分割的組合，養狗就要照顧牠、愛一個人會伴隨著悲傷，即使如此，若「想做的心」還是更勝一籌的話，就算有「討厭」的部分，也會接納它往前進。雖然不管怎麼樣都會伴隨著困難，但你是否從一開始就認為「吃苦是美德」，被忍耐和痛苦給塞滿了呢？其實你可以毫不猶豫地獲得幸福，增長的喜悅不會被認為是種墮落。

減少不想做的事和討厭的事，和自己好好相處。

▼可同時閱讀〈沒有想做的事、不知道自己想做什麼的人〉P.074

PERSONAL TYPE

33

不擅長與他人相處的人

我沒辦法表現得落落大方……
也討厭太過敏感的自己。
可是……
遣詞用字
時機
外表
輕鬆自若的態度
禮儀
體貼
究竟從什麼時候開始？
又是誰？要求我必須全知全能，並且絕對不可行差踏錯呢？
妳並不是為了回應他人的期待而活的喔，
一直想著「必須找出正確答案」只會讓自己難受。

不喜歡接電話、在便利商店櫃檯前會緊張、即使是傳給朋友的LINE訊息也要確認好幾次，這樣的你是不是害怕「會不會被人覺得很怪」而過度尋找正確答案，就連只是達到必要條件都是一種壓力呢？

對方怎麼想是對方的課題，所以其實只要抱持著輕鬆的心就好。不過展現出自我是件可怕的事吧？或許有時候還會罵自己「為了這點小事緊張」，覺得害怕的自己很沒用。

這樣也沒關係。**如果無法落落大方，那就堂堂正正地緊張然後去做**。像是排隊結帳時，我曾試過轉來轉去到處看、一直低頭朝下看、雙手抱胸、伸展拉筋……各種姿勢，結果發現「做什麼都沒關係」。請抱著實驗的心態去試試看，就算扭扭捏捏、緊張不安，令人驚訝的是也不會有狀況發生，你會明白「不需要擔心」。

沒有正確答案。
如果無法落落大方，就堂堂正正地緊張不安。

▼可同時閱讀〈總是在意他人眼光的人〉P.148

PERSONAL TYPE 34

容易後悔的人

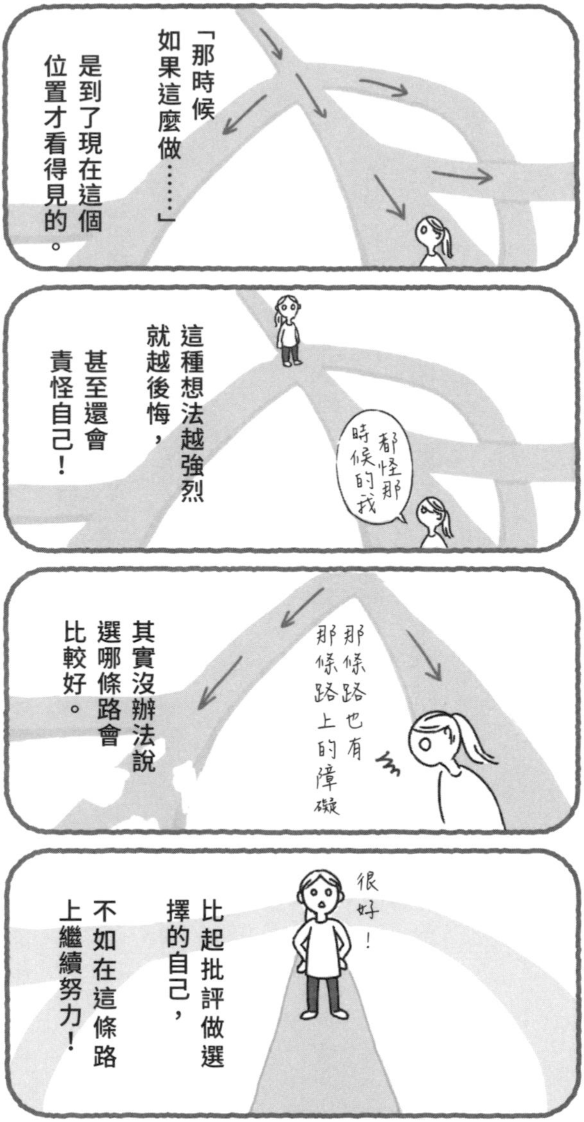

「那時候如果這麼做……」
是到了現在這個位置才看得見的。
都怪那時候的我
這種想法越強烈就越後悔，
甚至還會責怪自己！
那條路也有那條路上的障礙
其實沒辦法說選哪條路會比較好。
很好！
比起批評做選擇的自己，
不如在這條路上繼續努力！

「要是那樣做就好了」、「如果不要那樣做就好了」，回顧過去時，總是後悔自己的選擇。「要是可以回到那個時候我就會這樣做」，事情都過了卻開始為自己做過的事苦惱。沒有關係，沒有人是從來不後悔的，只要還有其他的選項，後悔就會無止境地發生，但是在選擇前你不會知道，而且那是當時的自己認為「這個好」所做出的決定，就算是無心之下做的選擇，也不是為了讓自己不幸才選的。再說並沒有確切的證據能證明**「早知道不要選 A 就好了」＝「選 B 才有好事」**。

沒有任何錯誤選擇（雖然是自我認定）的人生非常理想，不過也只是幻想，可是每次得不到順心如意的結果而感到痛苦，就要批判自己的選擇實在是太苦了。

「要做的不是選擇正確無誤的道路，而是在你選擇的路上奮鬥」，這樣一定能夠獲得許多東西。

尊重那時候覺得那個選項好的自己。

▼可同時閱讀〈用「但是」、「可是」給自己零分的人〉P.032

PERSONAL TYPE

35

對自己評價過低的人

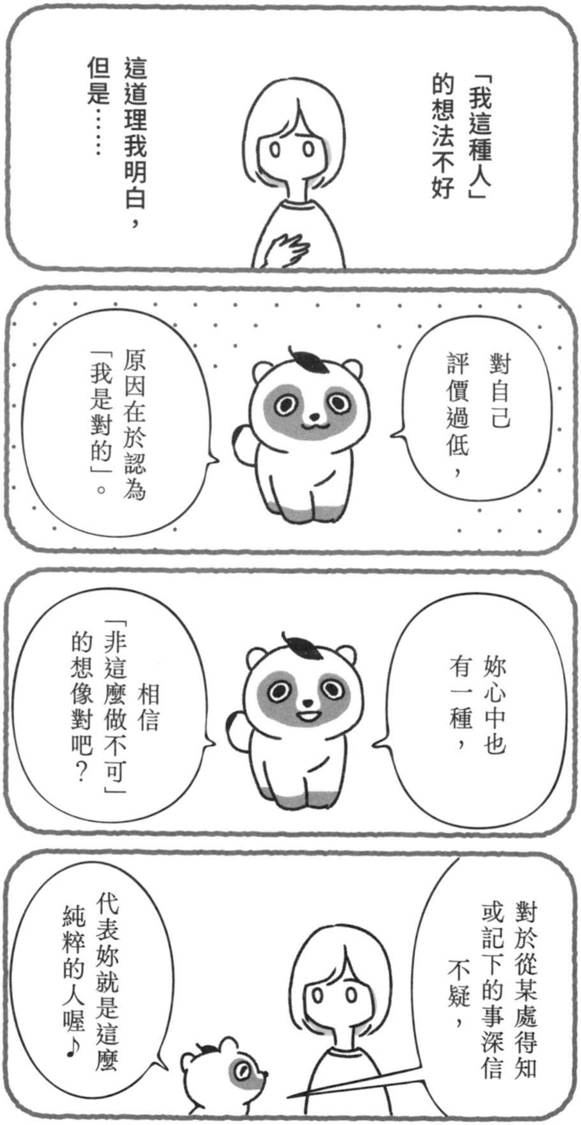

「我這種人」的想法不好
這道理我明白，但是……
對自己評價過低，
原因在於認為「我是對的」。
妳心中也有一種，
相信「非這麼做不可」的想像對吧？
對於從某處得知或記下的事深信不疑，
代表妳就是這麼純粹的人喔♪

對事情深信不疑的人，會過低評價自己。腦中壞心的審判者會到處巡視錯誤，然後不斷批評「你這裡根本沒做好」，這樣很痛苦吧。受到這種狹隘眼光攻擊的結果，就是即使只是一部分沒做好，也會誤認為整體的自己沒什麼了不起，比別人還要差勁。

有一些人則是會對過去的自己有較高的評價。這是因為他們從經驗和學習中累積的「這樣比較好，這樣才有利」、「這個不好，會吃虧」，形塑出了自己認為「好」的「應有樣貌」。過去為了自己建立起來的「好或不好」的評判習慣，最後成為了斷定現實中的自己沒有用的原因。

自我價值其實就是你把自己「想得很差或想得很好」。

你這個人的本質並沒有問題。若能察覺你獨特的評判基準（審查好或不好的一套自我方式）把自己斷定為不好的話，將會成為改變自我評價的契機。

給自己過低評價的是自己的想法。

▼可同時閱讀〈覺得自己一無是處的人〉P.124

PERSONAL TYPE 36

給自己貼「我就是這種人」標籤的人

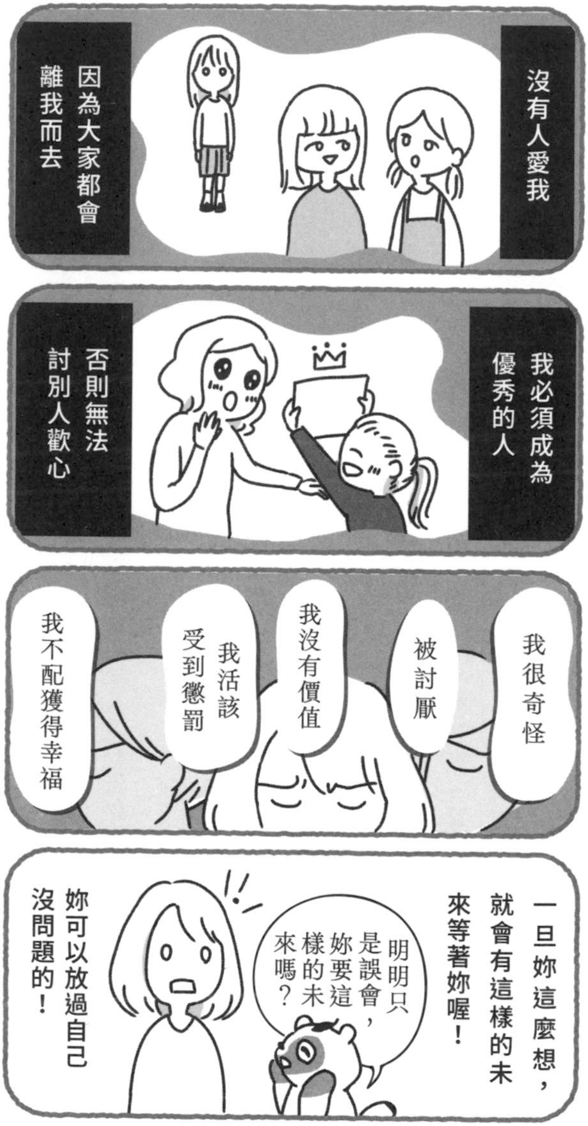
沒有人愛我
因為大家都會離我而去
我必須成為優秀的人
否則無法討別人歡心
我很奇怪
被討厭
我沒有價值
我活該受到懲罰
我不配獲得幸福
一旦妳這麼想，就會有這樣的未來等著妳喔！
明明只是誤會，妳要這樣的未來嗎？
妳可以放過自己沒問題的！

「自己被討厭」、「自己沒有價值」、「自己不被需要」、「自己是特殊存在」，有些人會像這樣幫自己貼上「我就是這種人」的標籤。

若要回溯到他們從什麼時候起對此深信不疑，幾乎所有人都是從孩提時代開始。整個過程是這樣的。

發生了某件讓他們這麼想的事，且未經深思就全盤接受他人說的話。

↓

相信「是自己的錯」的這個想法是正確的。

↓

之後開始從無數的巧合中蒐集那樣的證據。

↓

想法越來越強烈。

以我來說，國小、國中的時候曾被朋友排擠，於是我開始認為「是我不好」、「我是不良品所以才被討厭」；另外，我也曾經惹得媽媽非常不開心，所以開始覺得「沒有人會愛這樣的我」、「如果我沒辦法（在媽媽的標準中）成為一個好孩子，就無法在社會上生存下去」。

為什麼事情會變成這樣呢？那是因為當時的自己只有解釋成「是我不好」，才有辦法接受眼前發生的事。也許去問對方原因，或是可以溝通交流的話，事情會好轉，但當時我只是個十歲左右的孩子，沒有勇氣也沒有方法，**所以只能告誡自己「下次不能再發生這種事！」**

之後直到快三十歲，每當發生不好的事，無論什麼時候，身處什麼樣的環境，我的腦海中都不斷不斷地浮現出「是我不好」、「我是不良品」、「我這樣做不好怎麼在社會上活下去」等標籤。我一直抱持著「我是個劣等人，所以必須努力讓自己成為優秀的人」這樣的想法活著，結果就是脫離了自己原本的生活方式及情緒，為了演出偽裝的自己而戴上面具，導致出現很多煩惱及問題，精神很不穩定。但是等等！一開始只是小時候的自己模模糊糊地這麼想而已，就只是這樣而已。

小時候言語的表現能力和對狀況的理解能力還不成熟，沒辦法替自己感受到的情緒賦予「寂寞」、「難過」、「打擊」等名稱，更別說去思考對方的狀況了。

小時候認定的標籤在我長大之後曾經持續貼在自己身上。不過在我明白是我誤解了標籤的定義以後，我開始能夠打從心中貼近自己，「這些年來妳做得很好呢」，並獲得了救贖。

如果各位和過去的我一樣的話，也許你會害怕得無法打開記憶封條回顧過往，但還是希望你能明白「那只是過去的你這麼想而貼上的標籤罷了」。

不斷出現的負面想法「我就是○○」，是過去的自己貼上的標籤。

▼可同時閱讀〈容易有壓力的人〉P.096

PERSONAL TYPE

37

覺得自己又失敗了的人

動作太慢
被罵了……
有夠討厭慢吞吞
的自己……
考試也不合格
朋友也沒幾個
做什麼事
都不長久
也沒有結婚……
出現了——
挑毛病！
一直找一直找
總會找到不好
的地方！
不要
輸給悲傷
不要
偏執地
鬧彆扭。

覺得自己是愛情中遇人不淑的爛女人、覺得自己是老是失敗的沒用員工、覺得自己是只會煩惱的沒用傢伙……

一旦覺得自己沒用，就會在現實中只看到這樣的證據，因為內心想要證明自己真的沒用；如果覺得不能原諒這樣的自己，現實中就會吸引無法原諒自己的人聚集，因為內心不想要獲得原諒；只要想著「我這種人」，就會被圍繞在把你當成「你這種人」的人和環境之中，因為內心認為自己受這種對待剛剛好。

這麼做也許可以保護自己生存下去，因為潛意識裡害怕肯定自己、改變自己、感受自己的情緒，以及接受自己。

事實上，你不是只有做不好的地方，不要抹殺了你做得好的地方。克服恐懼和不安的過往、成功做到的事、受到的感動，回頭看看人生的足跡中，一定有這些經驗存在。自我價值不是靠追求獲得，而是只要回想起來就夠了。

發生了難過的事當然會難過。
不過你不是挑剔王，你要成為慧眼識優點王。

▼可同時閱讀〈害怕別人給負評的人〉P.044

PERSONAL TYPE

38

感覺他人在責怪自己的人

人好多喔，下星期再來會比較好吧？
這是叫我不要選人多的日子嗎？
而且沒想到周邊商品都賣完了……
這是要先查好剩餘商品的意思嗎？
像這樣別人並沒有要求妳做，妳的內心卻產生罪惡感，妳是不是覺得「別人在怪妳」？
其實妳不需要幫別人實現想法，也不需要有罪惡感喔！

對方只是單純地表達感想、意見或建議，有些人卻會覺得對方在責怪自己。你是不是對方明明沒有惡意，卻自我解釋成「責難」、「批評」、「攻擊」，並且覺得很難過呢？

這樣的人，其實是自己在那一方面抱持著罪惡感的關係，之所以覺得別人在責怪自己，是因為自己就在責怪自己，會有「做不到是不好的」、「對不起無法如你所想」、「不懂是件丟臉的事」這樣的想法。有時候是因為被說中要害了，所以誤以為對方想找架吵，於是焦躁地想要反擊。如果已經慣性將別人所說的內容都翻譯成「你很沒用」，那麼和他人對話就會覺得很痛苦。

無論什麼事、無論何時，無法一個人完成也沒關係，做不到不代表沒用。不要攻擊你自己，相信對方和自己，並且原諒對方和自己吧。

試著問問自己：「對方真的有那樣說嗎？」

▼可同時閱讀〈容易煩躁的人〉P.020

PERSONAL TYPE 39

因為寂寞而寧濫勿缺的人

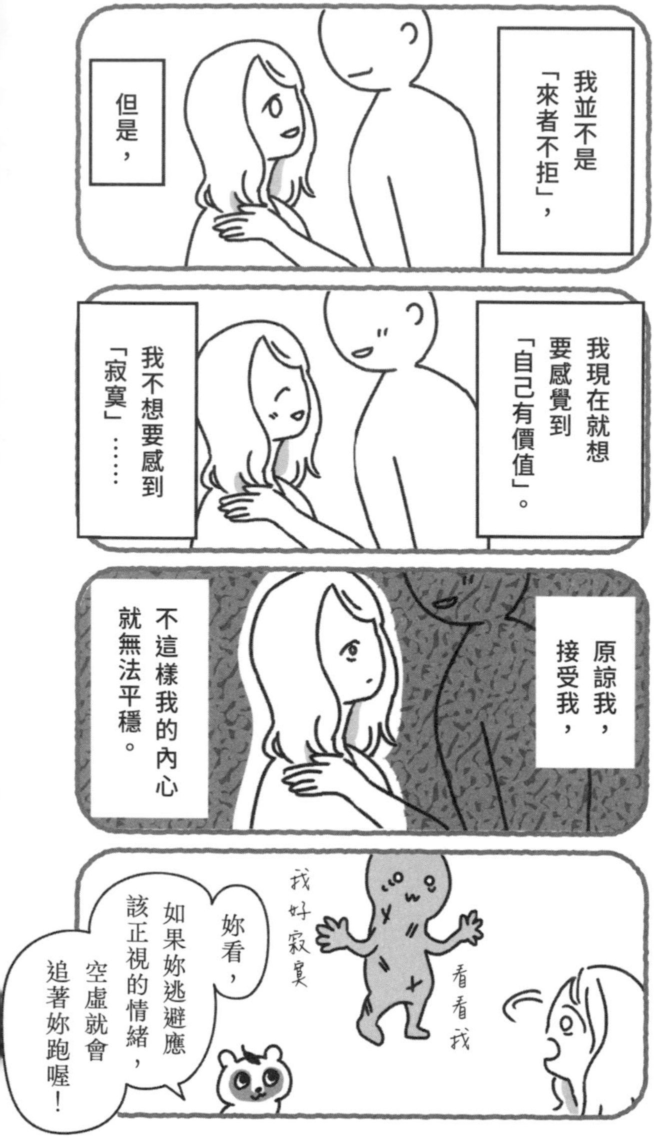
我並不是「來者不拒」，
但是，
我現在就想要感覺到「自己有價值」。
我不想要感到「寂寞」……
原諒我，接受我，
不這樣我的內心就無法平穩。
看看我
我好寂寞
妳看，
如果妳逃避應該正視的情緒，空虛就會追著妳跑喔！

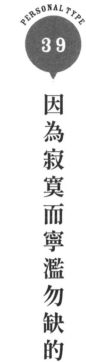

有些人不管是不是戀愛關係，都會因為太寂寞而過度讓他人進入自己的領域內。

想要別人肯定自己，想有人陪伴，所以容易和他人進入親密關係，為了增加與他人的連結而去其實根本不喜歡的地方，將行程塞得滿滿的。

「其實我很寂寞」……但卻為了當個明事理的人而封閉了情緒。

他人的喜愛是件令人非常開心的事，心情會很好，所以或許會因此著了魔，可是，**無論獲得多少來自他人的喜愛或好感，寂寞和不安也不會降為零**。不要用不健全的關係粉飾，重要的是找回「自己的感覺」。「我好寂寞」、「我好不安」，赤裸裸地感受這些情緒，思考自己從什麼時候、為了什麼開始抓著寂寞不放，並正面面對那些過去，練習放下為了排解寂寞而利用「人」來填補的習慣。

不要將你的社交能力用在傷害自己的事上，希望你能帶領自己向前。

正面面對創造出寂寞與不安的過去。

▼可同時閱讀〈連對自己都要隱藏情緒的人〉P.104

PERSONAL TYPE

40

覺得自己一無是處的人

妳有喜歡的演員或藝人嗎？
嗯！我喜歡●▲■
真棒！雖然創作者很厲害，
不過可以接收對方厲害之處的妳也很棒喔！
能將目光放在「好的地方」，
並且接收對方的好，這份感性很了不起！
如果沒有接收的人，就無法在舞臺上活躍。
所以妳有很大的貢獻喔！

「只要存在就很美好」、「自己有自己的價值和魅力」，希望無法感受到自己如上存在價值的人，能夠察覺下列事實。

你有喜歡的音樂或喜歡的書籍嗎？有覺得什麼照片、文章、影片、繪畫等很棒嗎？也許你不覺得自己有特別做什麼，但其實你正在接收。而「接收」這件事本身，就是一個非常了不起的價值，同時也能「為他人做出貢獻」，因為如果沒有願意接收的人，演員、歌手、作家、設計者就沒辦法在舞臺上活躍。

不是只有創作者的感性很厲害，**能夠接收到厲害之處的你的感性也非常棒**，這是你獨有的感性，是奠基於你的成長背景，所以內心才會有反應才能接收。你已經有你的存在價值了。

你的存在並不是理所當然的，而是每一天都在為某個人的幸福做出貢獻。

如果覺得自己一無是處，就關注在你「接收到了他人」這件事上。

▼可同時閱讀〈找不到自己優點的人〉P.034

PERSONAL TYPE 41

總是用笑容掩飾的人

對不起，老是讓你聽我說，
我沒問題的，不用管我了。
妳還好嗎？
我很好喔，不用在意我。
其實我只是
切斷了與自己內心的連結。
因為應該是個堅強好人的我
害怕
悲傷
厭惡
丟臉
火大
不明白
脆弱
好想被愛
羨慕
不被允許擁有這樣的情緒。

有些人即使說著「發生這種事我覺得很討厭」等痛苦的回憶，臉上還是帶著笑。

他們是為了不讓對方困擾所以隱藏自我，是為別人著想、非常善良的人。或許你就是覺得不可以有負面思考、要正向樂觀、對方也有好的地方、那是我太任性了等，連在痛苦的時候都不讓自己感受痛苦的人。

其實**你可以不用努力讓自己開朗，痛苦的時候笑容可以消失可以說出「我很痛苦」**。請找回屬於自己的舒適與不愉快，回到可以感受 Yes 或 No 的自己。

感受痛苦，或是告訴他人自己好痛苦都是很困難的事，或許笑著說「我沒事」可以避免受傷，但人類擁有正向情緒，也有負向情緒。請打造一個處在任何一種情緒時都能夠「待在那裡沒關係」的安心之處，兩方面的情緒都不要否定，這就是「接受自己並肯定自己」。

給笑不出來的自己一個大大的ＯＫ

▼可同時閱讀〈無法與人良性溝通的人〉P.154

PERSONAL TYPE 42

分不清對自己好和縱容自己的人

為了不讓對方跌倒
而瞻前顧後，
連一塊小石頭
都要去除，
這不是溫柔。
不准跌倒、不准
休息、不准和別
人不一樣……
讓對方走在既定
道路上，
這也不是溫柔。
因為就是會發生
預期外的偶然，
或是狀況不佳時，
或是事情完全不順
心如意的時候。
就算「對方做
的事」有錯誤
或力有未逮，
也要肯定願意挑戰
的精神和擁有的能
力價值，
讓彼此的關係
長長久久。

對自己好，和縱容自己並不一樣。一言以蔽之，**「最後的結果能讓自己自立自強的是對自己好。會讓自己依附他人的是縱容自己」**。舉例來說：

●追求幸福的方式

對自己好：自己努力讓自己幸福。

縱容自己：希望別人帶給自己幸福。或是相反，過度獨自一人努力。

●對待自己和他人的方式

對自己好：即使事情不如預期也能夠同理並傾聽。

縱容自己：要求事情如自己所想進行並持續否定。

●選擇

對自己好：以喜歡或開心或想做為標準選擇。

縱容自己：以會不會被罵、能不能避免失敗為優先做選擇。

沒辦法對自己好，或不小心縱容了自己的時候，也要原諒這樣的自己。

▼可同時閱讀〈過度奉獻自己的人〉P.062

Kii's Message

撫平不安的「療癒方式」

不安時神經會緊繃變得具有攻擊性，或是身體僵硬動彈不得，這是恐懼時的生物本能反應，只要冷靜地處置＝「療癒」就會平靜下來。

其中一個方法是撫觸，如文字所述，將手貼在身體覺得不對勁的地方，這是對身體方面的處置。如果心跳得很快，就把手貼在胸口；腳在發抖的話，就放在膝蓋附近；喉嚨像被哽住了就包覆脖子附近，輕輕地用手撫摸或輕敲，同時對自己說「別擔心」。因為內心和身體是相連的，所以會有神奇的恢復效果。讓自己處在舒服的姿勢，或是正面朝上也都可以轉換情緒。

另一個方法是精神層面上的處置，給予自己大量的肯定句，例如：「你可以待在這裡」、「你的存在就是很棒的事」、「做你現在的自己就好了」、「自己的價值沒有改變」、「今天也謝謝你」等等。感到不安或恐懼的時候可以試試看。

因為你可以，
輕輕鬆鬆地做自己！

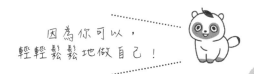

第4章

痛苦的想法是因為深植了不安和恐懼

CHECK!

不安的人容易採取的思考方式和行為

不安或討厭的情緒並不是不好的情緒，因為有些事要透過不安才會發現，或者才會謹慎準備，真正棘手的，是不安帶來的無意識中偏執的思考方式和行為。檢視下列項目，與自己的不安和平相處吧。

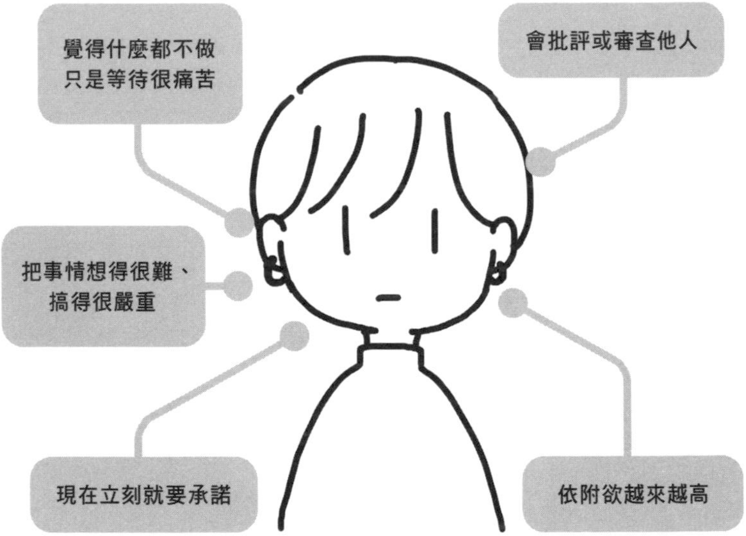

覺得什麼都不做只是等待很痛苦
會批評或審查他人
把事情想得很難、搞得很嚴重
現在立刻就要承諾
依附欲越來越高

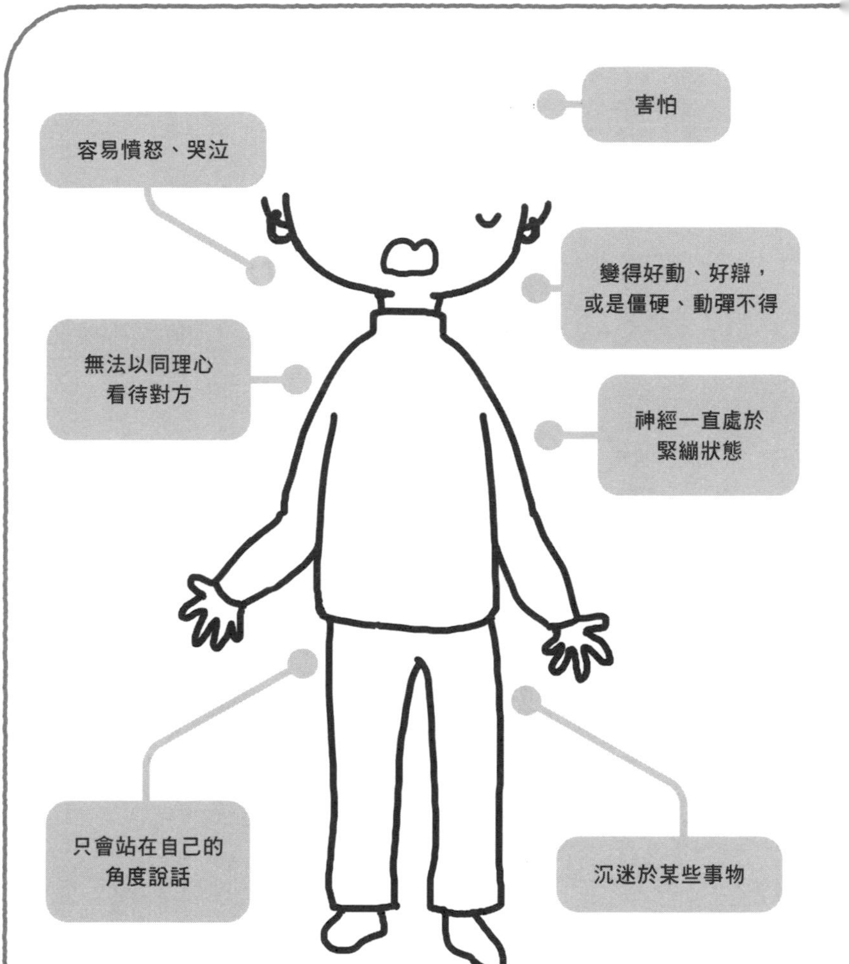
害怕
容易憤怒、哭泣
變得好動、好辯，
或是僵硬、動彈不得
無法以同理心
看待對方
神經一直處於
緊繃狀態
只會站在自己的
角度說話
沉迷於某些事物

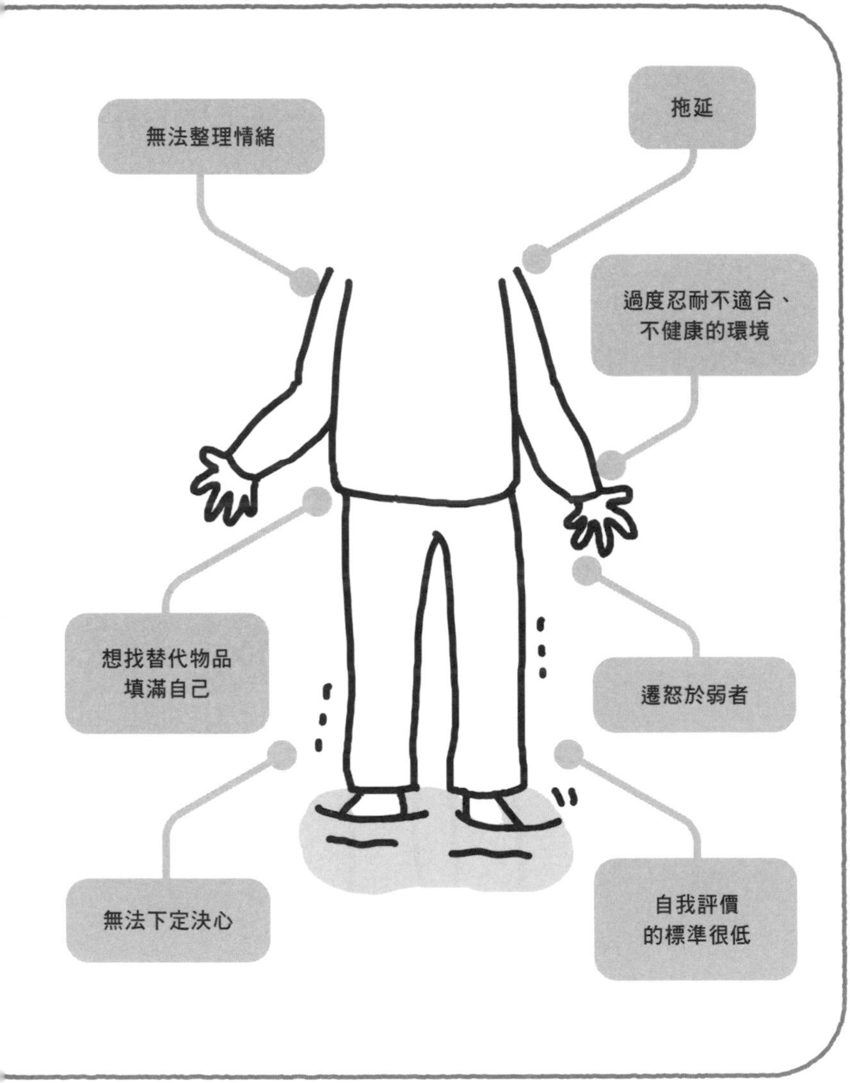
無法整理情緒
拖延
過度忍耐不適合、
不健康的環境
想找替代物品
填滿自己
遷怒於弱者
無法下定決心
自我評價
的標準很低

CHECK LIST

減輕痛苦的方法

○	掌握哪些行為 是「因為不安而做」	➡ P. 138, 142, 146
○	停止任意下定論或評鑑他人	➡ P. 148, 150
○	你在怕什麼？ 找出恐懼的具體樣貌	➡ P. 160, 168
○	把焦點放在自己身上， 為了自己行動	➡ P. 156, 158
○	吐露情感	➡ P. 169
○	明白愛批評的人 或喜歡強迫他人者， 是沒有自我的人	➡ P. 142, 152
○	為自己「療癒」	➡ P. 130
○	逃跑、休息	➡ P. 136
○	回想自己了不起的地方	➡ P. 124, 166
○	不要想著完全消除不安	➡ P. 132

PERSONAL TYPE 43

逃不開的人

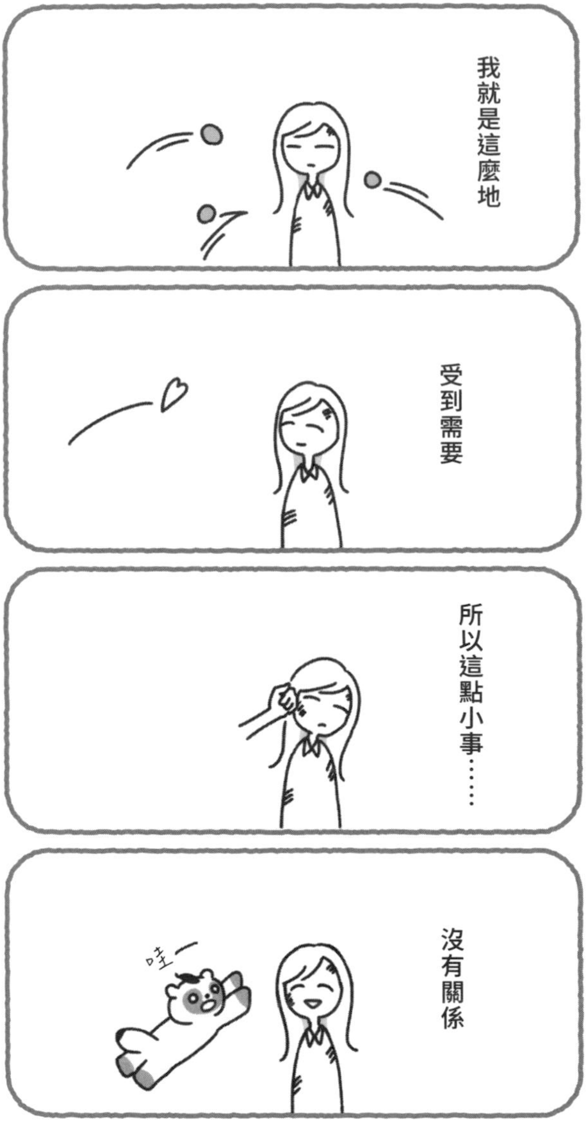
我就是這麼地
受到需要
所以這點小事……
沒有關係
哇—

有些人明知繼續留下來會對自己非常不利，或是受到傷害，卻依然無法逃開。告訴自己「不可以逃」、「雖然痛苦，但這份經驗還是有意義」、「是自己還不夠努力」……**你是不是用這種方式過度貶低自己了？**

「有人願意接納我這種人，所以我沒辦法離開」、「離開這裡之後，或許就找不到容身之處了」、「我不想背叛對我抱有期待或為我開心的人」。

你是這樣想，並一直忍耐的吧？有時候貶低自己的言語就算不說出口，也會透過氣氛傳達出來，被對方看穿弱點。繼續這樣下去，會帶給內心很大的負擔，並因精神方面的關係導致各種問題，或是發生「不該是這樣」的情況。

一旦發現關係不對等，或是這個地方會傷人就要馬上離開。請複述下列句子：

「逃離不等於懦弱，放手是展開人生新章的強悍。」

不要習慣疼痛，你可以逃開。

▼可同時閱讀〈覺得對自己太好會變成廢人的人〉P.106

PERSONAL TYPE 44

依附成性的人

有些人會依附與他人的人際關係、工作或角色、暴食、酒精、藥物、名牌、遊戲或手機，或是可以讓自己感受到痛楚的事物。

這是一群受到「就是應該這麼做」的想法束縛，或者總是配合他人，而在日常生活中**過度忍耐的人**，可以說他們害怕了解或是被他人知道真正的自己，所以隱藏起真正的自己。

你是否符合以下的例子呢？

- 如果可以成為對他人有用的人、可以被需要，不在乎犧牲自己。
- 與其開口造成風波，情願自己忍下來。
- 雖然沒有必要和所有人都坦誠相對，但平常也太過度維持形象。
- 對上位者說的話、指導手冊或別人鋪好的道路奉行不悖。
- 對不安和恐懼感受到過度壓力。

有時候是本人在不自覺或無意識之下這麼做的，不過依附者平常**過度壓抑了自己的欲望**，所以從不曾感受到滿足。「我就是我」，這種關於人格、存在方面的自信極度低落，或是沒有絲毫自信，所以對自己或未來感到無盡的不安。

「希望獲得原諒、不想被否定、想要被肯定……」

「原來這樣的我也可以待在這裡。」

你是否拚命這麼想，想藉由他人或物品來填補，以獲得安心感？

可是卻超越了「安心之處」的程度，而對現實生活產生影響，或是越來越沉迷依附對象，或者在暫時的快樂之後覺得很討厭，因此感到痛苦……

所以第一步，就是要發現自己「過度忍耐」，並好好撫慰自己。

「你很努力呢！」

「那時候你的確需要依附一些東西。」

不管別人怎麼樣，總之你就是經常在忍受痛苦，所以請不斷不斷地陪在自己身邊，現狀就是你這麼需要精神層面的休息。

也許你會覺得對自己寬容是在縱容自己，不過就算再怎麼責怪依附的自己，現實上也無法解決事情。

察覺自己的依附，接受它，然後往脫離依附的方向前進。希望你能學會如何自己滿足自己，以及**建立健全的安心安全感**。

回顧成長過程、正視情緒、減少忍耐次數、原諒自己、斷絕多餘的人際關係、去做自己想做的事即使只是小事、讓自己開心、注意力放在好事上、與他人的課題分離（畫界線）等等，不管是參考本書或是依靠支持你的地方或人。鼓起勇氣做自己，我會為你加油。

目標是過著對自己來說「美好的人生」。
要選擇暫時的爽快還是未來，仔細思考後再做決定。

▼可同時閱讀〈太過顧慮他人的人〉P.060

PERSONAL TYPE

45

支配、控制他人的人

有些人無法體察對方的情緒，或是無法溝通，任意將自己的要求和期待強壓在他人身上。

- 「如果你重視我，不是應該以我為優先嗎？」
- 「我之所以心情不好，全都是他的錯。」
- 老是掛著「為了你好」的名義給建議。
- 「因為我們是家人，所以～」、「你是我男朋友（女朋友）所以～」。
- 覺得別人為自己做事理所當然，因此不道謝。
- 引發對方的罪惡感好讓對方順從自己。
- 總是站在自己的立場，無法同理對方。

從被控制的一方的角度來看，這種人是非常粗魯又討人厭的人，不過**高控制欲的當事者，其實懷抱著強烈的不安與人生困境**，只要事情不如自己所想，他們就會非常非常不安，擔心自己會被指責，甚至覺得人生被全盤否定，而立刻反駁「我才沒有！」他們不會道歉，而是憤怒於「莫名其妙，是對方錯了」，有時候過了一段時間還在翻舊帳。

你是經歷過「事情一定要做正確否則活不下去」、「做人一定要這樣」的嚴苛經驗，並努力到了現在的吧。你是否單純又直率，認為服從上位者的指令理所當然，且對此深信不疑呢？

不表露出自己的欲求或痛苦的情感，也忽視這一切，多年下來，靠著想法冰封了自己的心，然後將精力用在自我防衛或正當化自己，經常保持警戒，保護自己，所以沒有多餘的心力放下自我角度的立場，來思考他人的心情。

如果你想要改變，首先請同理這些年來努力恪守大道理的自己，接著停止只用「正確或錯誤」、「好或不好」來判斷事情。**這不是在否定你至今在痛苦中依舊堅忍不拔的人生**，而是提供一個方案，告訴你可以選擇離開繃著一張臉，不斷緊迫盯著好或不好的人生軌道，要不要參考看看？因為無法無條件地擁抱自己或他人是件痛苦的事。

無論何時，都不會有「對每個人來說都正確的答案」，因此重要的是分清楚自己與他人，不要強壓「人生應該要這樣」的想法給別人，而是傾聽對方，一起思考。先從「原來是這樣」、「這樣子啊」等接受的態度開始，然後感受「難過」、「後悔」

的情緒，承認輸了，原諒「做不到」，從戰場離開，誇獎他人，優先聽從直覺而不是理性分析，用快不快樂做選擇而不是正不正確，大笑，說垃圾話。

希望你能夠從理想樣貌中解脫，放手變得自由自在，不論是對自己或對他人。

想讓對方服從自己的人，是感到極度不安的人。

▼可同時閱讀〈自尊心太強的人〉P.042

PERSONAL TYPE 46

有強烈拘束欲、獨占欲和執著的人

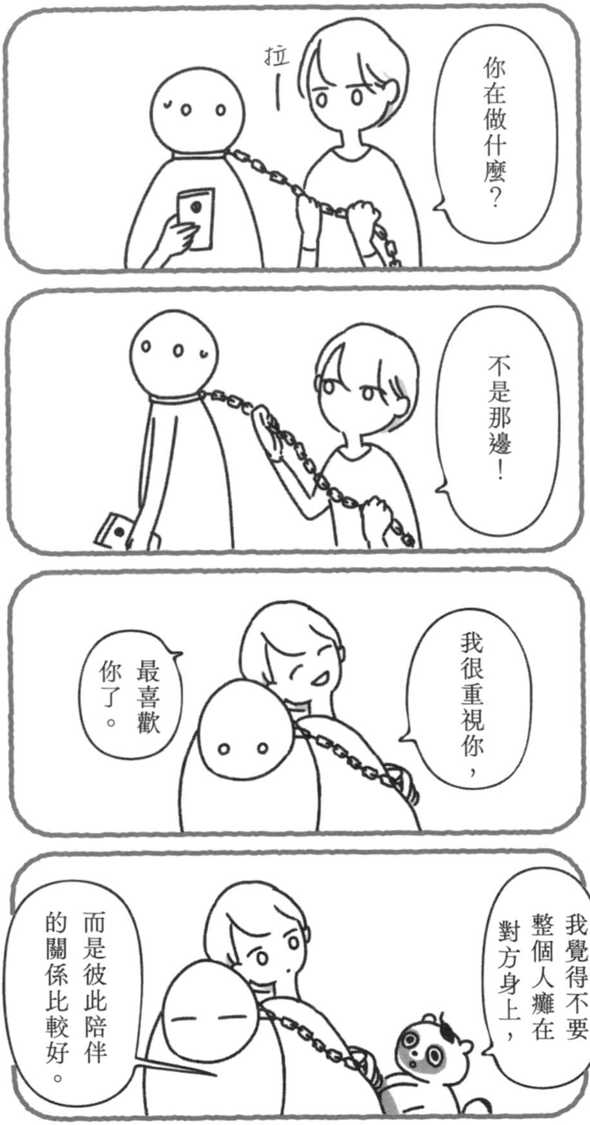

有些人對親密對象具有強烈拘束欲或獨占欲，也可以說他們是無法承受不安，不能將自己和對方分開來看待的人。這個人一定可以懂我、這個人一定會拯救我、這個人一定會愛護我。或許是因為這樣的期待比他人還要更多，不想放開眼前的愛情或安心保障，因此開始追求「對方當然也和我一樣愛我」這種愛的回報。

造成這種想法的原因，有成長過程在天經地義的愛情滋養中被過度保護，或是完全相反的，因為真正的自己很少受到同理，所以竭盡心力順應對方。

「我的心情和你的心情是一樣的」，和對方同化的話確實可以安心。

但是每個人都是不同的個體，重視的東西、感到快樂的事、至今的生活方式、建立關係的方式，都有屬於自己的步調。

分清楚自己和對方，「尊重」並「信任」，才是健康關係的基礎。

親密關係必須謹守雙方的界線才能夠持續並茁壯。

▼可同時閱讀〈只要他人不順己意就生氣的人〉P.024

PERSONAL TYPE 47

總是在意他人眼光的人

他應該要
更為別人著想才對。
這個人講話實在是……
這個人外表……
這個人完全沒察言觀色……
這個人不夠努力……
我必須小心好好地生存……
我不想被討厭
不想被翻白眼……
有沒有為他人著想
遣詞用字
外表
會不會察言觀色
夠不夠努力……
別人也在這麼審查我！

在意他人的眼光……這個「他人的眼光」，令人驚訝的是，其實是「自己的眼光」，換句話說，**在意他人眼光的人，事實上是自己過度盯著他人的人**。

至於怎麼個盯法，就是用「必須～」、「不可以～」這種自我規定來判定他人。必須當個守規矩的人、必須努力、必須溫和善良、必須仔細思考、不可以給別人添麻煩、不可以做得不好……像這樣用自己的標準，給別人畫上○或×。

你是否在腦中想著「這種小事都做不到，那個人真沒用」、「那樣做也太奇怪了」、「這樣沒辦法在社會上生存」、「應該要更這樣一點」等等，對他人做評鑑呢？

從小，你就忠實地遵從大人教導的「那樣以後會很辛苦」、「你要這麼做」，為了獲得認同，為了不被討厭而努力吧？不過你已經做得很好了，可以放輕鬆一點，你可以更相信用自己的感受做選擇。

減少審判（評鑑、判定）的目光，轉換為「這個人有什麼魅力呢？」「他只要做他自己就好了」的眼光。

▼可同時閱讀〈對於他人的離去大受打擊的人〉P.086

PERSONAL TYPE

48

老是在評斷「好壞」的人

他比我高等……
他比我低等……
等等，人類可沒有分高低。
妳有多認識那個人呢？
價值觀、特性、過往成長、做選擇的方式、喜好……
只有「差異」，而不是優劣。
每個人都不同，所以才有無限寬廣的發展。
妳也是，
不要再執著於高低優劣和競爭了。

不安的人，會以「高低」、「優劣」和「勝負」來評斷他人。

有自信的人是好的，沒有自信的人不好；外表好看的人高等，外表不好看的人低等；已婚的人是勝利組，沒結婚的人是失敗組……

這樣以高低來看人，是因為自己想要成為「高等的人」以安心，或是希望人生獲得保障，想要覺得自己是對的，是沒問題的，並且不希望對他人來說自己是個「可有可無的存在」，他們害怕的是不安、孤單一人。

人的本質或人的狀態只有「差異」，而沒有高低之分；技術的學習能力也只有「不熟練和熟練」，沒有人的本質高低之分。請不要以垂直方向來測量，而是看水平方向。

沒精神也沒關係、負面消極也沒關係、做不好也沒關係、緊張也沒關係、不健康也沒關係、個性彆扭也沒關係。不會因為你「討厭」，就變成「壞事」。不要用「應該改變」指責他人，是否「想要改變」、「想要做好」是由當事者做選擇。

將評斷高低優劣的直向標準改為橫向。
不要瞧不起他人和自己。

▼可同時閱讀〈容易和他人比較而沮喪的人〉P.068

PERSONAL TYPE 49

無法同理他人的人

越是沒有安全感的人，越無法同理或陪伴對方，有時候單純是因為不知道如何在經驗上同理對方，或是不習慣而做不到。

簡單來說，同理就是「關注對方關注的事」，不是在外圍看對方，而是進到對方內心，「想像自己看著與對方相同的東西」。

如果用言語來表現，就是「這樣子啊」、「原來如此」、「是這樣喔」、「很～吧、很～對吧」、「好好喔」、「不會吧」等等，利用應和的語句先接住對方的話題。人類是一種沒有收到「自己被接受了」、「對方懂自己」的安心訊息，就很難聽進其他意見或建議的生物，因此不論是對自己或對他人，**先陪伴是非常重要的事**。

接下來，可以用「那是怎麼回事？再多告訴我一點」、「具體來說是？」、「其他的呢？」、「例如？」、「什麼時候開始的？」、「我這樣理解對嗎？」等繼續深入問下去，或者是「那這樣呢？」、「我的想法是」連接到自己的提議意見。

對方高興時回應「你很開心吧」，對方痛苦時回應「你很痛苦吧」。首先是傾聽對方，然後點頭。

▼可同時閱讀〈無法抱怨或示弱的人〉P.102

PERSONAL TYPE 50

無法與人良性溝通的人

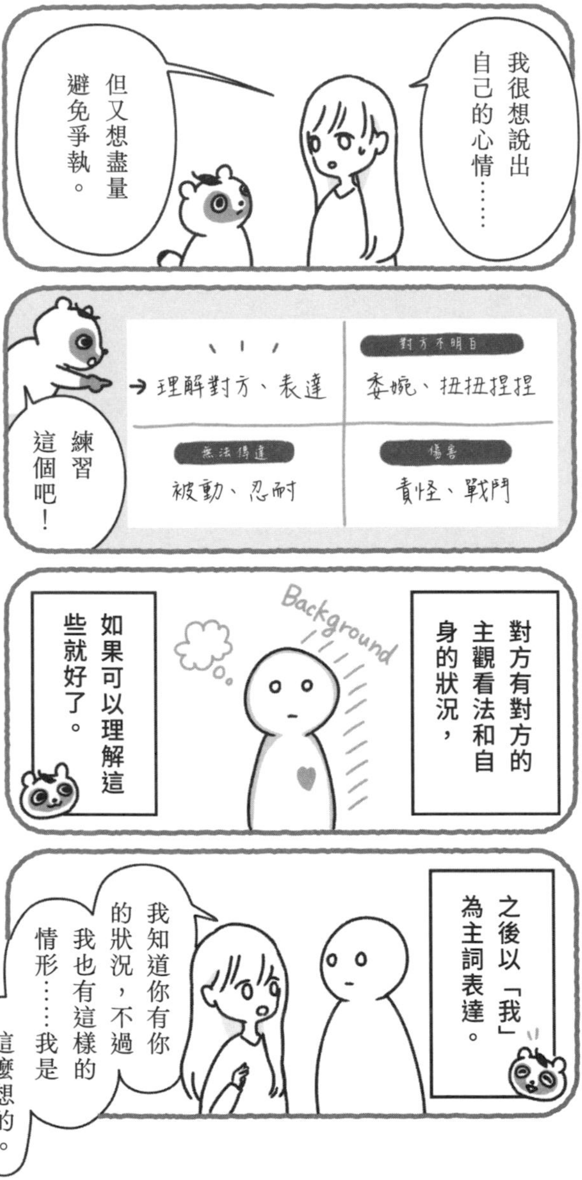
我很想說出自己的心情……
但又想盡量避免爭執。
練習這個吧！
理解對方、表達
對方不明白
委婉、扭扭捏捏
無法傳達
被動、忍耐
傷害
責怪、戰鬥
對方有對方的主觀看法和自身的狀況，
Background
如果可以理解這些就好了。
之後以「我」為主詞表達。
我知道你有你的狀況，不過我也有這樣的情形……我是這麼想的。

有很多人苦惱於不擅長人與人之間的溝通，其中也包括了與自己的關係，另外，有些人則是誤以為自己很擅長溝通。

所以，請再一次檢視什麼是良性溝通。**溝通的基本概念，是和對方「分享」自己的想法及意見**，而「可以說出真實想法，且能夠彼此配合的關係」則是目標。

其中很重要希望各位銘記在心的，是「辯贏對方並非溝通目的」。化為言語說出口，並彼此分享，才能確實地理性區分要選擇「彼此讓步、互相折衝」或是「別人是別人，我是我」。最好三不五時確認一下這項基本。

「表達、責怪、委婉、忍耐」，你通常選擇哪一種方式呢？就算不善言詞也沒關係，盡可能帶著敬意「表達」，祝福你的關係漸入佳境。

增加無關勝負，而是「理解對方、不蒙混過關的清楚溝通」。

▼可同時閱讀〈無法拒絕、說不出口的人〉P.064

PERSONAL TYPE 51

無法自己下決定的人

選這個人的話，
對那個人會感到不好意思。
網路的資訊太多，搞不清楚我這種情況該怎麼辦……
可是我也明白，最終還是要做選擇……
妳自己怎麼想呢？其實妳很清楚吧？
我不知道……而且我不想做出錯誤的決定。
我還想繼續煩惱、繼續迷惘……所以再等一等。
嗯！如果妳是這麼希望的話。

感到不安或迷惘時，有時候我們會去找其他人商量「你覺得呢？」，這是拓展新視野或想法，並確認自己意志的有效方法，但是也有人從來都無法自己下決定，只能僵立當場，動彈不得。

既討厭待在原地，也討厭採取行動後感到後悔。為了採納不同人的不同意見，或許搞得堅強的你因資訊過多而混亂。

交給他人判斷，自己無法做決定的原因，是因為想要正確答案、無法停止當個好孩子、為了義務或他人而活，放棄了自我等，這些都是隱藏的想法。

選擇某一方，就代表捨棄其他方，這讓你很害怕吧？沒辦法立刻提起勇氣時，就放掉所有的力氣停下來吧，你可以聽別人怎麼說，也可以選擇不聽，**最終只要能夠放過自己就ＯＫ了**。把焦點放回自己身上，只要你往後活出自己的人生就令人很開心了。

即使選擇不了想繼續煩惱，或是想依賴別人的時候，只要最後能放過自己就好了，因為這就是「我的人生」。

▼可同時閱讀〈愛逞強的人〉P.030

PERSONAL TYPE 52

老是拖到最後一刻才要做的人

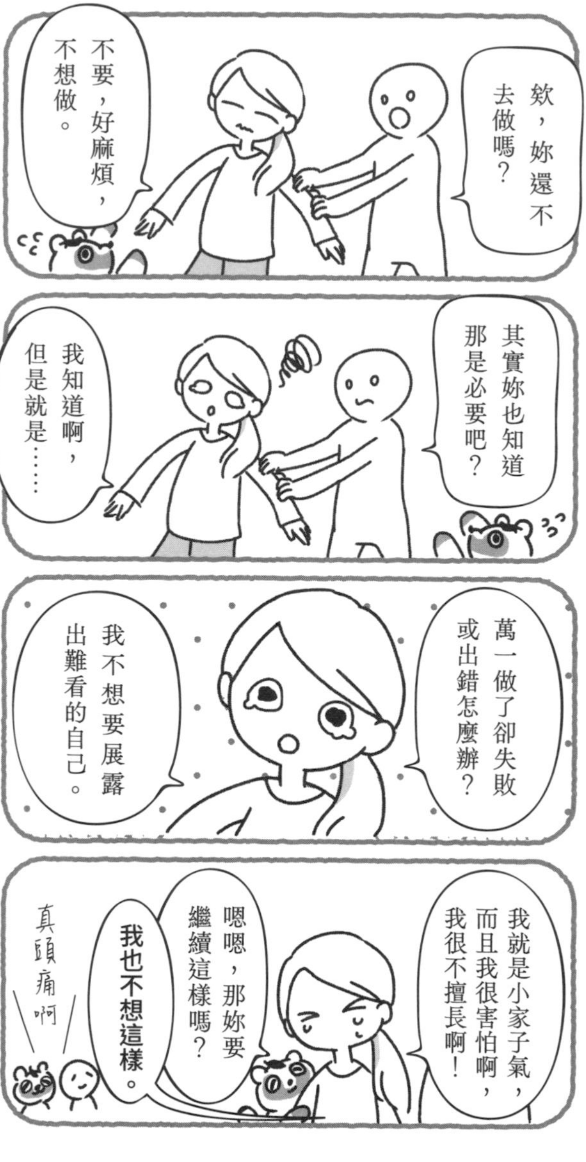

有些人會因為船到橋頭自然直，所以就延後順位，或是拖延時間，一直到最後關頭才做。他們會想著等到更有心情做再開始、等到準備萬全了再開始、等到了解最佳解法時、等到時間充足時……給自己加上「等到、只要」等條件，遲遲無法開始。越是完美主義者這樣的傾向越強烈，更容易悶悶不樂。

其實只要動手做就做得到，他們已經有了做到某種程度的能力、力量和方法，只是抑制了這些能力，將精力用在無聊、太閒、不安或羨慕上，這樣實在太可惜了。**就算「做了以後會失望」，也比「不做而感到焦躁」來得更好**。人類在遇到狀況不利於自己時，越害怕的事情在心中的優先順序反而越前面。沒錯，越想做的事情人類會越害怕去做（笑）。

你不需要完美，不需要想著做出傑作或以全場一致同意為目標。「知難行易」，不管是三十分或六十分，請為了自己開始起身行動。

不要過度追求理想，
放寬自己的想法，輕鬆地去做做看吧。

▼可同時閱讀〈害怕別人給負評的人〉P.044

PERSONAL TYPE 53

害怕「害怕」本身的人

「害怕」這種情緒會讓內心不安，因為害怕＝缺乏安心和安全感。

這種「害怕」的情緒無法完全消滅，因為必須留著以全力逃開會危及生命的危險，所以是人類不可或缺的機能。

只是，**「不安」和「害怕」不一樣**，「不安」是隱隱約約的感覺，「害怕」則是對於某個清楚對象所懷抱的情緒。在伸手不見五指的黑暗中束手無策，只能感到恐懼，但如果能夠摸清其中的障礙，就可以稍微找回判斷力，所以只要事先掌握幾個人類有也很正常的恐懼就會比較好。

①恐懼不完整　②恐懼變化　③恐懼未知　④恐懼失去　⑤恐懼責任
⑥恐懼拒絕　⑦恐懼錯誤　⑧恐懼批判　⑨恐懼成功　⑩恐懼保持高水準

請試著找出自己害怕什麼，比起只是在原地覺得好不安好不安，不如承認自己「你很害怕不完整吧……」這樣會更容易對待自己。

掌握自己害怕什麼，然後決定是要衝一把，還是借用他人或物品的力量，或者是要撤退。

▼可同時閱讀〈不要空想讓自己不安，而是具體化煩惱〉P.168

PERSONAL TYPE 54

覺得自己沒有歸屬的人

這個人不懂我！
找不到歸屬……
我在這裡好像格格不入……
找不到歸屬……
總是很難獲得肯定……
找不到歸屬……
想要打造理想的歸屬需要花時間，
對我來說，我想待的地方就有歸屬喔！

有些人無法覺得「我待在這裡沒關係」，而感到不安或孤單。

他們和家人、學校同學、職場同事、朋友圈、戀人……在一起度過之後會覺得空虛，「不適合我」、「沒有我或許比較好」、「沒有人懂我」、「對不起」等，因為得不到歸屬感而充滿痛苦。

該怎麼做才好？有三個原因和課題可以思考。

第一個是對獲得歸屬感的成功期待值過高。我們沒辦法和他人互相理解所有的事，所以一旦希望對方完全理解自己就會感到痛苦。

雖然可以和他人分享心情，「彼此共享」，但是沒辦法「和他人理解彼此的一切」，也正因為如此，在你懂我時反而更開心，更能夠感受到感謝和幸福。因為每個人都不同，所以才會細心地「盡力理解」、「努力表達」、「拉開一點距離反而是一種尊重」，或是想要「結束關係」。

不要追求「對方懂自己」。

這件事或許很難接受，不過是個重要的基石，可以讓自己成為赤裸裸的自己的最佳理解者。

第二個是溝通的精準度太低，不夠成熟。

在你放棄某個地方想要撤退之前，你是否已經「全然坦誠自己」了？你「看著對方看見的世界」並「傾聽」了嗎？

我知道這不是那麼簡單的事。人有百百種，沒有正確答案的溝通在某些情況下會產生極大的壓力，但是區分「自己」和「對方」，**「尊重」雙方的人格非常重要**，必須在這個前提之下，選擇是要彼此讓步、互相折衝，或「別人是別人，我是我」遠離對方。

如果覺得害怕，試著准許自己「失敗的話就結束溝通沒關係」、「存在感薄弱也沒關係」。一旦想著失敗也沒關係、不用成為中心人物也沒關係，義務的重擔就會消失，可以集中精神在自己想要怎麼做上面。

最後一個是馬上追求「靠實力獲得認可並受到需要」。

這只能腳踏實地慢慢來。即使是原本就有的優點，通常也需要花時間讓對方慢慢理解，意思是要選擇一個正向，能夠看見自己所擁有、包含技術層面**「賣點」的地方**（市場或環境）。最終，和誰比較可愛、誰比較聰明無關，**「自己決定的想做的事」才是前進**

的強烈原動力。只要沉得住氣努力，技術的進步和來自他人的評價自然會在之後跟上，希望你能好好放輕鬆，持續堅持下去。

像這樣，思考自己覺得沒有歸屬是出於什麼原因，又有什麼課題——1不要執著於「互相理解」／2坦誠自己，也理解對方的況狀／3找出想做的事，持續努力——或許你會發現「我是個不被需要、不受認可的存在，這種感覺只是自己妄下定論」。

以「人不可能互相理解一切」為基礎，區分他人與自己，聚焦在自己的「喜好與快樂」上，笑著活下去。

▼可同時閱讀〈沒有自我重心的人〉P.072

PERSONAL TYPE 55

感到不安的當下能怎麼做

怎麼辦……不行了，之後一定不會順利。
好想要更有自信。
這種時候禁止「必須更～」「好想～」喔！
對於要面對的未來很不安吧？
不過妳看，妳已經到了這裡！
妳已經很努力了喔！
妳擁有力量，請別擔心！

不安的時候，意識會偏向關注未來，所以試著將目光轉移到現在或過去看看，我希望你看的，是自己一路走來的軌跡、那一瞬間、那些歲月。雖然不能說自己百分之百盡力了，但還是以自己的方式，竭盡全力地回應對方、環境或狀況。你已經想盡辦法走到了今天。

「不，我根本沒做什麼努力。」這麼想的人，你不是已經努力地配合周遭的人，不想讓他人覺得討厭而忍耐或讓他人開心了嗎？「你那時候很努力了」、「你正在努力中吧」，希望你能對自己這麼說。**你已經走到了今天，你擁有走到今天的力量。**

感到不安時，不需要多做什麼，只要感謝自己的辛勞就夠了。做不到的事情就說「我做不到」然後結束這回合。在努力做得更好之前，首先要冷靜下來。

別擔心，只要還有呼吸就夠了，為了明天的自己，請先放過今天的自己。

悠遠綿長地持續去做「現在做得到的事」。

▼可同時閱讀〈給接下來即將努力和想要努力的人〉P.048

Kii's Message

不要空想讓自己不安，而是具體化煩惱

「不安」與「害怕、擔心」不一樣。不安是種隱隱約約的感覺，而「害怕、擔心」則是具體知道自己在怕什麼，只要分析不安，「害怕、擔心」就會現形。

不安＝過去的討厭回憶 ※ ＋對未知的恐懼和擔心

※ 包含從他人那裡得知的所見所聞

事實上，多數的不安是被他人煽動恐懼而植入的情緒。「讓孩子害怕他才會努力（父母）」、「讓消費者害怕買的人才會多（媒體）」、「讓自己害怕才會小心謹慎（自己）」。那麼，你的恐懼真的會成為現實嗎？你所擔心的事，有 85% 完全不會發生，這已經由美國的羅伯特・萊希博士證實過了。

有時候會因為感到不安，而被可怕的幻想附身，這時候就問問自己，「我在怕什麼？」、「什麼樣的情況會讓我擔心？」來挖掘出不安的真實身分。

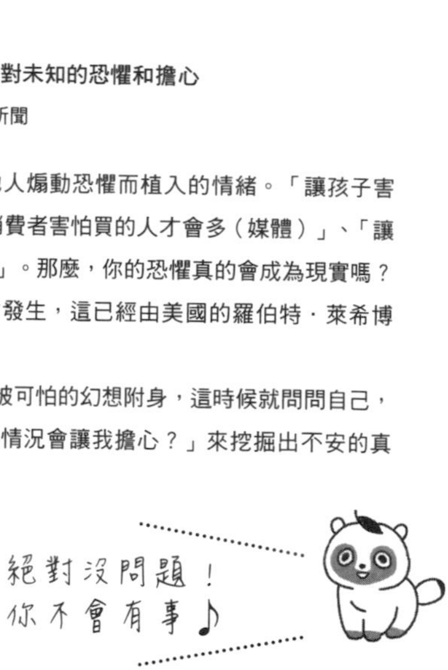

Kii's Message

與自己相處的方法

人生在世，總是會有不如預期、悲傷或意料之外的偶然發生。當我覺得煩躁不安，或想要抑制激烈情緒的時候，就會書寫、說給別人聽、喊出聲音、看電影哭一場等，我很重視這種釋放內在情緒的過程。

釋放情緒之後，就轉換心情，像是伸個大懶腰，重新調整好姿勢；抬頭向上看；嘴角往上提，讓嘴巴形成「▽」狀，來打造一個能讓自己笑出來的身體狀態，這麼一來自然就會笑出來了。這時候，想著喜歡的地方或景色就在自己眼前，也是一種煥然一新的方式。

人本來就很難沒有低潮，我認為「內心堅強」的人是能夠重新振作、面對自己和現狀的人。

這裡介紹一些我實際使用的釋放內在情緒的方式給大家參考，請找出適合自己恢復以及面對自我的方式。

CHECK!

書寫	如果不知道要寫什麼，就寫「我不知道要寫什麼……」誠實優先。不需要寫得很整齊工整。也推薦使用電子郵件、手機筆記或建立一個人的 LINE 群組。		只有自己看，所以寫出穢言也沒關係！
說給別人聽	療癒效果非常好。結交一些可以平等同理的朋友。		找心理諮商師或專家也行。
吶喊、體感	不需要說出字句，就發出「啊」或「嗯」的聲音。敲打抱枕或手掌用力握拳，可以發洩說不出口的情緒。		好想試試一個人去唱歌喔。
電影或音樂	這是用來表達自我的替代品。想哭的時候盡情地哭可以發洩情緒。		推薦可以代入情感的東西。

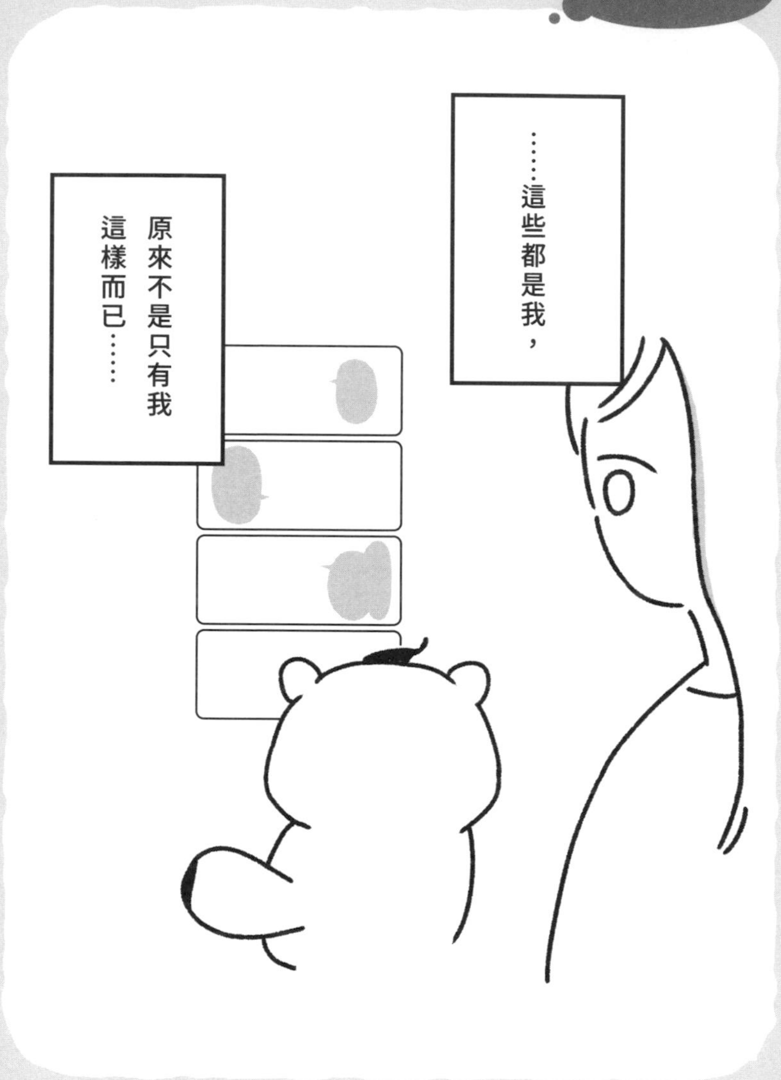
……這些都是我，
原來不是只有我這樣而已……

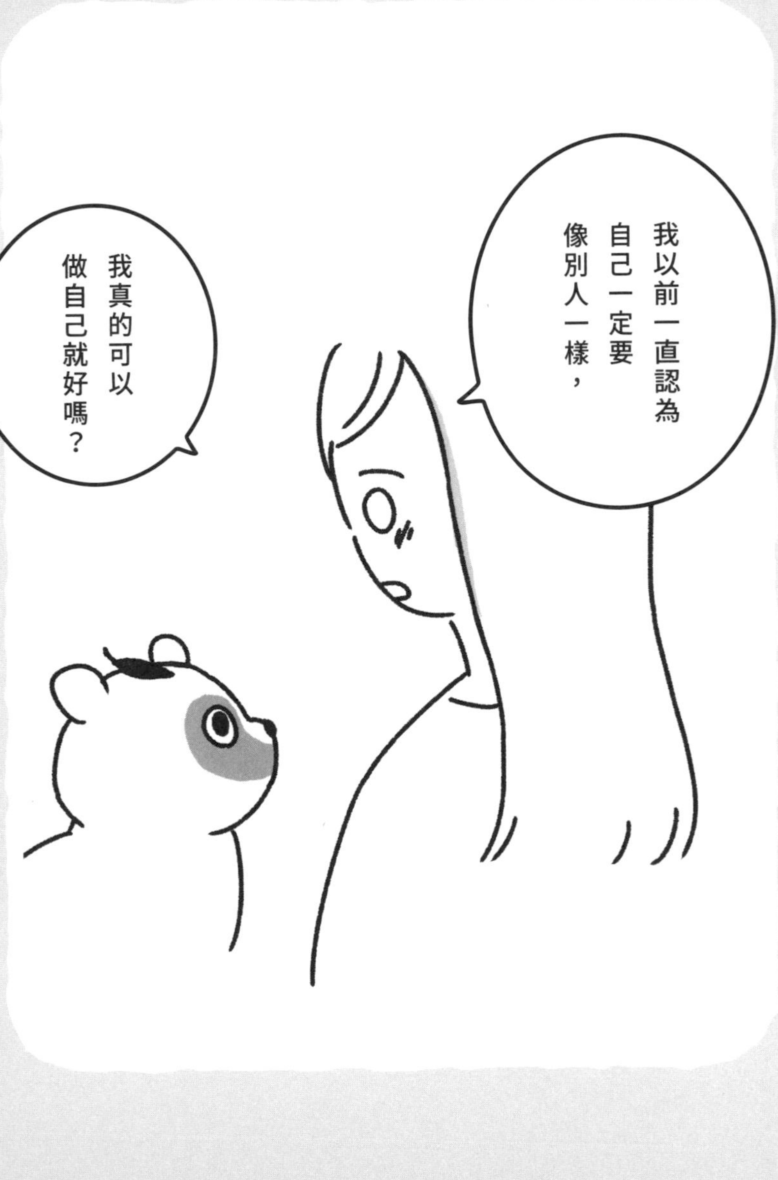
我以前一直認為自己一定要像別人一樣，
我真的可以做自己就好嗎？

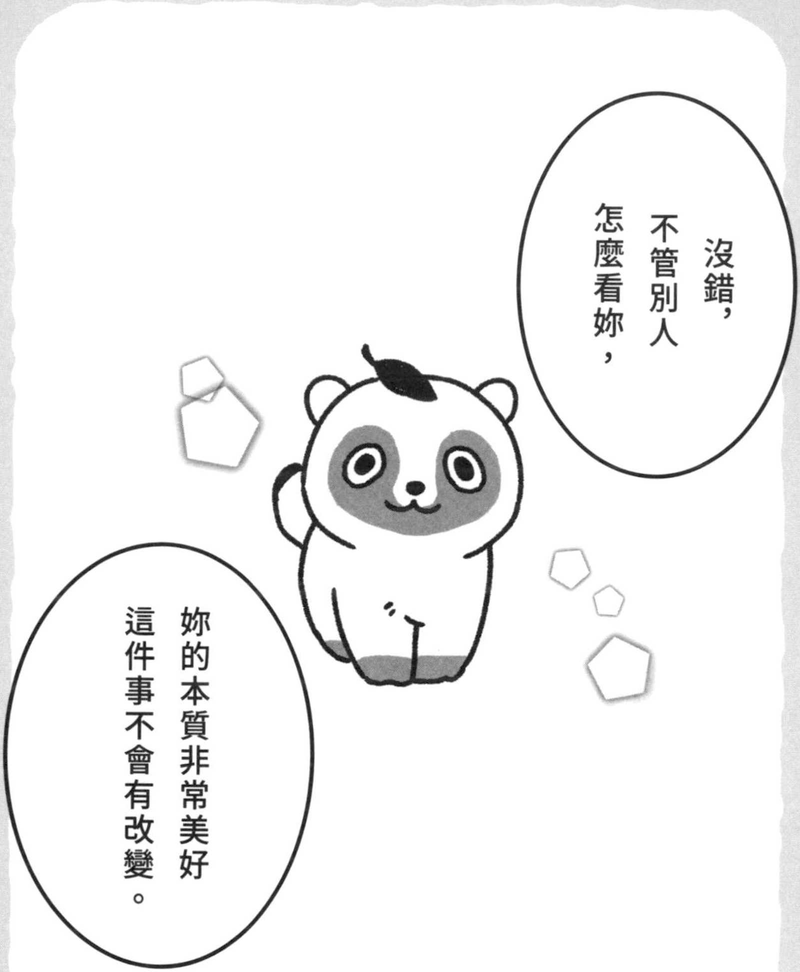
沒錯，不管別人怎麼看妳，
妳的本質非常美好這件事不會有改變。

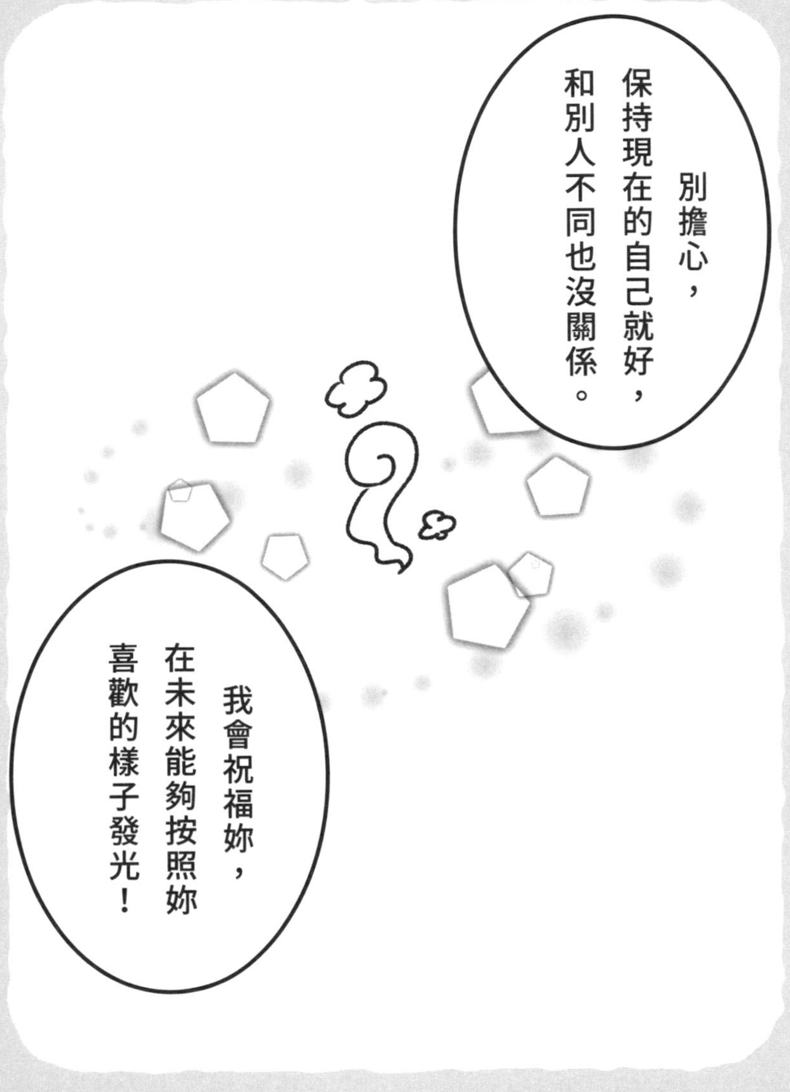
別擔心，保持現在的自己就好，和別人不同也沒關係。
我會祝福妳，在未來能夠按照妳喜歡的樣子發光！

後記

在療癒內心的路途中，我逐漸明白自己有多麼「不了解」內心，以及是如何被誤解和深信不疑等「內心的習慣給綁架」。

「人類是由思考模式所組成」。

你是否在哪裡聽過或見過這句話？事實上正如這句話所說，自己的「思考習慣」正是痛苦的一大原因，但是要馬上改掉習慣，經常不是那麼簡單的事。「只要改變思考模式就好了」，話雖如此，仍是需要時間、經驗，以及起身而行的決心。背負創傷或心受重傷的人，不只需要本書，更需要專家的協助來面對內心、療癒內心。

這裡再重新整理一次。「想要恢復心靈與成長該做哪些事」，關鍵有三。「肯定自己（理解自己的原貌並接受）」、「劃清界線（區分自己與他人）」、「獨立（自己做決定自己去做）」。

不需要抱持太高昂的鬥志，想著一開始就要看到成果，或是想要劇烈改變。沒有非做不可的道理，帶著「這是努力目標」、「練習」的心態就好了，因為是否會為內心帶來好效果，都是看情況的。

「沒有一百分的自己不可愛」，不要這麼想，即使只做到了一樣也要稱讚自己，要相信自己有可以解決的能力。如果這本書能夠成為一個契機，讓你湧現些微「起身活下去的勇氣」，那就是我無上的喜悅了。

最後，我打從內心感謝平日一直鼓勵我的粉絲、讓我商量重要內心感受的各位諮詢者、我的朋友、家人，以及給我出版機會並支持我的各位編輯，真的非常謝謝你們。

——祝福各位與寶貴的生命，過著快樂的人生。

國家圖書館出版品預行編目資料

現在這樣就很好：55 種告別心累的治癒方式／Kii 著；林佩玟 譯.-- 初版.-- 臺北市：平安文化有限公司，2023.6 面；公分.--（平安叢書；第 0762 種）（Upward；148）
譯自：しんどい心にさようなら　生きやすくなる 55 の考え方

ISBN 978-626-7181-70-6(平裝)

1.CST: 自我肯定 2.CST: 生活指導

177.2　　112007688

平安叢書第 0762 種
Upward 148

現在這樣就很好

55 種告別心累的治癒方式

しんどい心にさようなら　生きやすくなる55の考え方

作　　者—Kii
譯　　者—林佩玟
發 行 人—平　雲
出版發行—平安文化有限公司
臺北市敦化北路 120 巷 50 號
電話◎ 02-27168888
郵撥帳號◎ 18420815 號
皇冠出版社（香港）有限公司
香港銅鑼灣道 180 號百樂商業中心
19 字樓 1903 室
電話◎ 2529-1778　傳真◎ 2527-0904
總 編 輯—許婷婷
執行主編—平　靜
美術設計—單　宇
行銷企劃—薛晴方
著作完成日期— 2020 年
初版一刷日期— 2023 年 6 月
初版四刷日期— 2024 年 3 月
法律顧問—王惠光律師

讀者服務傳真專線◎ 02-27150507
電腦編號◎ 425148
ISBN ◎ 978-626-7181-70-6
Printed in Taiwan
本書定價◎新臺幣 280 元／港幣 93 元